Coordenação editorial

Coralina Matos

Guia prático interdisciplinar para intervenção precoce no autismo

Literare Books
INTERNATIONAL
BRASIL · EUROPA · USA · JAPÃO

PRESIDENTE DO CONSELHO
Maurício Sita

PRESIDENTE
Alessandra Ksenhuck

VICE-PRESIDENTES
Cláudia Pires e Julyana Rosa

DIRETORA DE PROJETOS
Gleide Santos

CONSULTORA DE PROJETOS
Bruna Barboza

COORDENADORA EDITORIAL
Amanda Moura

EDITOR
Anselmo Vasconcelos

ASSISTENTE EDITORIAL
Emerson Xavier

REVISORES
Letícia Nakamura e Luiza Bergami

CAPA, DESIGN EDITORIAL E DIAGRAMAÇÃO
Ana Paula Nunes Medeiros

IMPRESSÃO
Printi

Dados Internacionais de Catalogação na Publicação (CIP)
(Câmara Brasileira do Livro, SP, Brasil)

Guia prático interdisciplinar para intervenção precoce no autismo / coordenação editorial Coralina Matos. -- 1. ed. -- São Paulo : Literare Books International, 2025.

ISBN 978-85-9455-350-8

1. Autistas - Desenvolvimento 2. Intervenção (Psicologia) 3. Neurodiversidade 4. TEA (Transtorno do Espectro Autista) - Diagnóstico 5. TEA (Transtorno do Espectro Autista) - Tratamento I. Matos, Coralina.

24-245529 CDD-616.85882

Índices para catálogo sistemático:

1. TEA : Transtorno do Espectro Autista : Neurodiversidade 616.85882

Aline Graziele Benitez - Bibliotecária - CRB-1/3129

LITERARE BOOKS INTERNATIONAL LTDA.

Alameda dos Guatás, 102
Vila da Saúde – São Paulo, SP. CEP 04053-040
+55 11 2659-0968 | www.literarebooks.com.br
contato@literarebooks.com.br

MISTO
Papel | Apoiando o manejo florestal responsável
FSC® C196274

AGRADECIMENTOS

Concluir este *Guia prático interdisciplinar para intervenção precoce no autismo* foi um processo que envolveu empenho, cooperação e uma rede de afeto inestimável. Em primeiro lugar, expresso minha profunda gratidão a Deus, que deu a vida de Seu Filho Unigênito para que estivéssemos aqui, e que não me deixou desistir, mesmo quando minha única oração era encontrar outro caminho a seguir.

Ao meu marido, minhas filhas, meus pais, meus avós, e todos os meus familiares, devo minha mais sincera gratidão. Das manhãs de domingo em volta da mesa de café, passando pelos almoços barulhentos e repletos de afeto, até os momentos de inquietação e colo, vocês me sustentam com amor e me fazem acreditar que sou mais do que eu mesma posso enxergar.

A cada coautor que se dedicou a compartilhar conhecimento e experiência em prol de um objetivo comum: promover intervenções mais eficazes e humanas para crianças com TEA. Sua disponibilidade, revisão criteriosa de conteúdo e contribuição de pesquisas foram determinantes para a qualidade desta obra. Cada um de vocês conquistou minha admiração.

Aos amigos e à nossa equipe de trabalho, todos vocês que incentivaram e apoiam cada etapa do meu crescimento profissional: meu muito obrigado! Vocês foram essenciais para manter viva a chama que me faz acreditar que, todos os dias, nós podemos contribuir de diversas formas para o mundo, e isso alimentou também este projeto.

Agradeço também às famílias que gentilmente permitiram o acompanhamento de seus filhos e filhas, oferecendo relatos e exemplos reais que enriqueceram nossos capítulos. Sua confiança e generosidade reforçam a importância de uma abordagem centrada na criança, na família e em seus contextos de vida.

Por fim, expresso minha imensa gratidão a todos os leitores que agora se debruçam sobre estas páginas. É pensando em vocês que dedicamos horas de pesquisa e escrita, na esperança de que este conteúdo gere impacto positivo em seu trabalho, em sua rotina familiar e no desenvolvimento das crianças que tanto nos inspiram. Que cada palavra aqui escrita se converta em ação transformadora, colaborando para um futuro mais inclusivo e esperançoso para todos.

Sigamos juntos, cultivando empatia, respeito e ciência como bases de uma trajetória de crescimento verdadeiro e compartilhado.

Coralina Matos

SUMÁRIO

PREFÁCIO

Conheci a coordenadora, Coralina Matos, em um congresso internacional sobre autismo, e a simpatia foi imediata. Coralina tem uma presença forte e carismática, que cativa tanto quem a ouve quanto quem lê seus textos, prendendo toda a atenção.

No *Guia prático interdisciplinar para intervenção precoce no autismo*, os autores oferecem ao leitor a oportunidade de conhecer os benefícios das intervenções realizadas o mais brevemente possível após o diagnóstico do transtorno do espectro autista (TEA). Reunindo um conteúdo exclusivo de renomados especialistas, o livro aborda temas relevantes sobre esse transtorno do neurodesenvolvimento, que é ao mesmo tempo complexo e fascinante. Desde o desenvolvimento neurológico infantil até os direitos à inclusão, diversos tópicos são discutidos com embasamento científico e com a experiência clínica de cada especialista.

O autismo é uma condição para toda a vida, sem cura, mas com perspectiva de desenvolvimento. A urgência do diagnóstico e das intervenções precoces é fundamental para a evolução de cada criança autista. As informações contidas nesta coletânea oferecem a compreensão necessária para que pais, terapeutas e professores possam proporcionar às famílias o suporte que precisam durante a infância de seus filhos, ajudando a construir uma base sólida nas áreas de déficit antes que as crianças avancem para as próximas fases do desenvolvimento.

O objetivo deste guia é, portanto, conduzir o leitor à compreensão de que é possível entender o autismo desde os primeiros sinais de atipicidade no neurodesenvolvimento até as estratégias e ferramentas terapêuticas disponíveis para promover o avanço das crianças autistas ao longo de suas vidas. Nesta jornada, destacam-se as intervenções que favorecem o desenvolvimento individual da criança, bem como o aprendizado parental e a inclusão escolar, todos indispensáveis para uma trajetória de sucesso.

Fatima de Kwant

INTRODUÇÃO

Desde o reconhecimento formal do transtorno do espectro autista (TEA) como uma condição diversa e multifacetada, os estudos nacionais e internacionais têm avançado significativamente, trazendo à tona tanto as variações clínicas quanto os caminhos mais eficazes para a intervenção precoce. Organizações como a Mundial da Saúde (OMS) e entidades internacionais e brasileiras, a exemplo da Associação Brasileira de Psiquiatria (ABP), ressaltam a importância de identificar os primeiros sinais do TEA para intervir o quanto antes, promovendo assim melhores prognósticos de desenvolvimento.

A intervenção precoce, aliada a um olhar interdisciplinar, constitui o pilar fundamental para a construção de um futuro mais inclusivo. Profissionais de diferentes áreas – como fonoaudiologia, psicologia, terapia ocupacional, fisioterapia, nutrição, medicina e psicopedagogia – atuam em conjunto para compreender as múltiplas dimensões do desenvolvimento infantil e propor estratégias personalizadas. Nesse sentido, a literatura nacional, como estudos de Mello (2019) e Silva & Cunha (2021), e internacional, com referências como Dawson & Bernier (2013) e Lord *et al.* (2018), reforça que práticas bem embasadas cientificamente ampliam as possibilidades de sucesso ao longo da vida da criança.

Este *Guia prático interdisciplinar para intervenção precoce no autismo* surge como resposta à crescente demanda por materiais didáticos que reúnam, em um único volume, conceitos teóricos, evidências científicas e exemplos práticos de intervenção. Sob a organização de Coralina Matos, cada capítulo foi elaborado por especialistas que vivenciam diariamente os desafios e conquistas de crianças com TEA. Assim, o livro traz, de forma sistematizada, temáticas como a importância de uma anamnese detalhada, o papel das funções executivas, os benefícios de visitas domiciliares e escolares, o uso de instrumentos de rastreio e a elaboração de planos terapêuticos e educacionais individualizados.

A proposta desta obra baseia-se em três vertentes centrais: primeiramente, promover embasamento sólido, apoiado por pesquisas de instituições de referência, como a *American Psychological Association* (APA) e a *National*

Autistic Society (NAS); em segundo lugar, oferecer estratégias aplicáveis, que possam ser reproduzidas e, adaptadas à realidade de cada família, instituição ou contexto profissional; e, por fim, valorizar a humanização do atendimento, reconhecendo na singularidade de cada criança seu principal ponto de partida para o desenvolvimento.

Essa humanização, ancorada na empatia e no respeito à diversidade, faz-se essencial na construção de vínculos que sustentem a aprendizagem. Estudos de Rogers & Dawson (2010) sobre Intervenções Comportamentais Precoces Baseadas no Desenvolvimento (NDBIs) comprovam a efetividade de práticas que envolvam, de maneira ativa e lúdica, os cuidadores e a rede de apoio próxima à criança. Somado a isso, a legislação brasileira – em especial a Lei n. 12.764/2012 (Lei Berenice Piana) – assegura às pessoas com TEA direitos fundamentais, reforçando a responsabilidade de todos em garantir condições adequadas de desenvolvimento e inclusão.

Ao longo deste guia, o leitor encontrará orientações sobre a construção de relatórios clínicos individualizados, a importância do registro constante de avanços, o planejamento educacional específico para cada faixa etária e nível de desenvolvimento, bem como estratégias de orientação parental que fortaleçam o processo terapêutico. Além disso, são apresentadas reflexões sobre estilos parentais, intervenções de qualidade e práticas baseadas em evidências, reunindo contribuições de autores nacionais e estrangeiros. Por fim, no último capítulo, há um relato voltado para mentalidade e crescimento profissional para ajudá-los em momentos difíceis da carreira.

Espera-se que a leitura proporcione uma visão integrada e atualizada sobre a intervenção precoce no TEA, estimulando uma prática colaborativa entre os profissionais envolvidos e as famílias. Que cada capítulo sirva de inspiração para a adoção de ações mais conscientes, efetivas e compassivas, capazes de potencializar o desenvolvimento pleno e a autonomia das crianças no espectro autista. Assim, convidamos você a embarcar nesta jornada de conhecimento, onde o respeito ao tempo e à individualidade de cada criança é ponto de partida para o florescimento de suas habilidades e potencialidades.

Que esta obra seja uma aliada na construção de práticas responsáveis, éticas e, sobretudo, humanas, honrando o compromisso de tornar o mundo mais inclusivo para todas as crianças.

Boa leitura!

Coralina Matos

CAPÍTULO 01

Neurodesenvolvimento infantil

Base para vivências significativas

Este capítulo explora conceitos essenciais do neurodesenvolvimento, destacando o potencial transformador da infância. Além disso, enfatiza a importância de um olhar atento a cada etapa e oportunidade, assim como das intervenções precoces, na promoção do pleno desenvolvimento e de experiências enriquecedoras para cada indivíduo.

Deborah Kerches

DEBORAH KERCHES

Neuropediatra especialista em transtorno do espectro autista (TEA). Mestra em Análise do Comportamento (PUC-SP). Pesquisadora na área de treino de comunicação funcional (FCT) e TEA feminino. Pós-graduada em Psiquiatria pelo Cenbrap. Autora do best-seller *Compreender e acolher: transtorno do espectro autista na infância e adolescência*, coordenadora editorial dos best-sellers *Autismo ao longo da vida* vol. 1 e vol. 2 e autora de outros capítulos relacionados ao espectro do autismo. É ainda certificada Professional Crisis Management (PCMA), além de coordenadora e professora de pós-graduações. Possui capacitação em intervenção precoce para crianças com TEA, baseada no Modelo Denver. Conselheira profissional da Rede Unificada Nacional e Internacional pelos Direitos dos Autistas (Reunida). Membro da Sociedade Brasileira de Neurologia infantil e da Associação Brasileira de Neurologia e Psiquiatria Infantil (Abenepi).

Contatos: dradeborahkerches.com.br
deborahkerches@gmail.com
Instagram: @dradeborahkerches
19 99223 3828

Neurodesenvolvimento refere-se à formação e maturação do sistema nervoso, englobando habilidades e comportamentos como desenvolvimento motor, linguagem, cognição, competências sensoriais e socioemocionais. Os anos iniciais desse processo, começando na fase intrauterina, são fundamentais para estabelecer a arquitetura básica e a conectividade do cérebro.

A formação do sistema nervoso central é extremamente complexa e envolve fatores genéticos (herdados ou não) e ambientais, que já interagem no ambiente intrauterino, desde a concepção. Reações químicas provenientes da bagagem genética, somadas a influências ambientais, determinam divisões celulares, replicações, diferenciação celular, migração, arquitetura, sinapses (conexões cerebrais) e, assim, o funcionamento cerebral.

Quanto aos fatores ambientais intraútero, alterações placentárias, nutricionais, medicações/substâncias tóxicas, infecções, inflamações, distúrbios endocrinológicos, traumas e estresse durante a gestação são exemplos de fatores que interagem diretamente com os genes, podendo favorecer o desenvolvimento de condições ou transtornos do neurodesenvolvimento no feto, assim como malformações (Barker, 1990).

Estímulos transmitidos ao cérebro pelos circuitos sensoriais por meio de experiências vivenciadas (não só no pré-natal, como também pós-natal e nos demais estágios da vida) fazem alterações epigenéticas na função neuronal e circuitos neurobiológicos, influenciando o desenvolvimento em todas as áreas e fases da vida de um indivíduo (Meaney, 2010).

Em outras palavras, uma criança herda genes de seus pais biológicos que contêm informações essenciais para seu desenvolvimento por meio do DNA; no entanto, as experiências vividas, sejam positivas ou negativas, têm o poder de transformar e reorganizar essas informações (epigenética).

Os primeiros mil dias de vida, que incluem aproximadamente 270 dias de gestação e 720 dias até o segundo ano, são especialmente importantes para esse desenvolvimento, durante os quais o cérebro forma um número surpreendente de sinapses, chegando a ter o dobro em comparação a um adulto (Black *et al.*, 2017). As sinapses são as conexões entre os neurônios que permitem a transmissão de sinais elétricos e químicos, desempenhando um papel fundamental na comunicação neural.

Os bebês aprendem nos primeiros anos de vida como jamais aprenderão ao longo da vida. A cada segundo são formadas cerca de um milhão de novas conexões (*Center on the Developing Child*, 2007). Essa dinâmica é uma manifestação da neuroplasticidade, a capacidade do cérebro de se reorganizar e adaptar-se em resposta a experiências e aprendizados (Zhou *et al.*, 2019).

Com a **neuroplasticidade** especialmente pronunciada nesse período, cada interação, atividade e ambiente tornam-se oportunidades cruciais para moldar o desenvolvimento cerebral. Isso impacta tanto um grande potencial quanto uma alta vulnerabilidade, uma vez que cada experiência pode influenciar significativamente a trajetória do desenvolvimento físico, mental e comportamental do indivíduo ao longo da vida (Shonkoff *et al.*, 2012), seja de forma positiva ou negativa.

À medida que a criança é exposta a diversas experiências, o cérebro identifica quais conexões são mais utilizadas, fortalecendo essas redes neurais e criando circuitos mais significativos. Em paralelo, ocorre a **poda neuronal**, processo pelo qual o cérebro elimina sinapses menos requisitadas, otimizando suas conexões e especializando-se nas habilidades mais relevantes e frequentes.

Poda neuronal e autismo regressivo

A poda neuronal é um processo contínuo ao longo da vida, mas estudos indicam que ela ocorre de forma especialmente intensa em duas fases: entre aproximadamente um ano e três anos e, mais tarde, na adolescência. No primeiro período, promove a consolidação das conexões formadas, otimizando as essenciais para o desenvolvimento inicial. Na adolescência, intensifica-se novamente, especialmente nas regiões pré-frontais do cérebro, permitindo um aprimoramento das redes neurais ligadas ao controle executivo, ao raciocínio e ao comportamento social (Blakemore, 2018).

Embora a poda neuronal seja um fenômeno natural em todos os indivíduos, suas repercussões são particularmente significativas nos transtornos do neurodesenvolvimento. No caso do transtorno do espectro autista (TEA), tema deste livro, acredita-se que a poda neuronal da primeira infância ocorra de maneira ineficiente, resultando em um excesso de conexões. Esse processo contribui para um cérebro mais desorganizado e hiperexcitado, e também pode levar a perdas de habilidades previamente adquiridas, no caso do Autismo Regressivo (Huttenlocher, 1990; Bourgeron, 2015).

O autismo regressivo, que ocorre em aproximadamente um terço dos casos do espectro autista, parece estar intimamente relacionado a essa disfunção da poda neuronal na primeira infância. Essa condição é caracterizada por crianças que inicialmente apresentam desenvolvimento motor, da linguagem, cognitivo, social e emocional típicos ou próximos ao desenvolvimento típico, mas que, por volta de 15 a 36 meses, começam a perder habilidades adquiridas anteriormente (Ozonoff *et al.*, 2000).

Essa relação ressalta a importância de formar conexões neuronais robustas em crianças com autismo, que aprendem melhor por meio de experiências emocionais significativas e repetitivas (Dawson & McPartland, 2014; Minshew & Williams, 2007). Essa necessidade relaciona-se ao fato de, no TEA, estarem presentes dificuldades na compreensão do outro e do ambiente, além de alterações no processamento sensorial que influenciam a percepção do mundo. Essas particularidades associadas a uma programação genética com "falhas" contribuem para a formação de conexões mais fragilizadas, que podem acabar sendo "descartadas" durante esse processo de "limpeza".

A infância é, portanto, um período crucial para intensificar intervenções que fortaleçam e estabeleçam conexões neuronais, favorecendo o aprendizado em crianças autistas. Isso justifica a importância de intervenções precoces, especializadas e intensivas no TEA. E mais: estende o alerta para que pais, cuidadores, educadores e profissionais de saúde estejam atentos a sinais como a perda de habilidades adquiridas, estagnação no desenvolvimento ou mudanças significativas no comportamento de toda e qualquer criança. Diante deles, é fundamental buscar por um especialista. E, mesmo que não haja um diagnóstico definitivo de autismo ou outra condição, é importante iniciar intervenções especializadas que atendam às necessidades de cada criança, aproveitando a rica neuroplasticidade da infância.

"Cada criança tem seu tempo"?

Embora cada criança tenha particularidades em seu desenvolvimento, é essencial que ele seja avaliado com base nos comportamentos sociais e nos marcos do desenvolvimento neuropsicomotor (DNPM), que são habilidades e comportamentos esperados para cada faixa etária e que servem como parâmetros para um desenvolvimento favorável. O DNPM inclui, por exemplo, o controle cervical aos três meses, sentar-se sem apoio entre seis e nove meses, engatinhar ao redor dos nove meses, andar sem apoio entre 12 e 15 meses, primeiras palavras com 12 meses, palavras-frase com 18 meses e formar frases com duas palavras a partir dos dois anos (Frankenburg *et al.*, 1992). Avaliar esses marcos permite identificar possíveis atrasos ou alterações, casos em que a intervenção precoce pode ser altamente eficaz.

"Esperar o tempo da criança" é, muitas vezes, perder tempo de intervenção e diminuir as chances de progressos futuros.

Janelas de oportunidades

É na infância que se encontram as chamadas janelas de oportunidades: momentos em que o aprendizado de habilidades e competências ocorre de forma mais facilitada, mediante a exposição a estímulos e experiências específicas (Knudsen, 2004).

As principais janelas reconhecidas na literatura científica incluem:

- Linguagem: nove meses a oito anos.
- Visão: zero a seis anos.
- Autorregulação: nove meses a seis anos.
- Símbolos: 18 meses a oito anos.
- Habilidades sociais: quatro a oito anos.
- Quantidades relativas: cinco a oito anos.
- Música: quatro a 11 anos.
- Segundo idioma: 18 meses a 11 anos (Doherty, 1997 *apud* Bartoszeck, 2007).

Isso não significa que, caso a habilidade não seja desenvolvida nessa fase específica, ela não poderá ser aprendida em outro momento. No entanto, é sempre interessante aproveitar a janela de oportunidades para alcançar o máximo potencial de cada aprendizado. Para ilustrar: o tempo que uma criança de até dois anos leva para aprender uma habilidade é muito menor do que o que ela precisaria aos 14 anos para adquirir a mesma competência.

Conclusões

Os primeiros anos de vida são como a fundação de uma casa. Ambientes ricos em estímulos positivos e interações afetuosas promovem a formação de conexões neurais robustas (Shonkoff & Phillips, 2000), estabelecendo uma base sólida para o aprendizado futuro, o desenvolvimento de relações saudáveis e a resiliência emocional.

O cérebro das crianças pequenas, altamente adaptável devido à sua intensa neuroplasticidade, beneficia-se enormemente de experiências mediadas pela emoção. Quanto mais conectadas as emoções estiverem ao aprendizado, maior será a conectividade neural resultante.

Nesse sentido, o enriquecimento ambiental desempenha um papel essencial no desenvolvimento infantil, contribuindo para um repertório mais rico. Envolve proporcionar experiências sensoriais variadas, interações sociais significativas, incentivar brincadeiras criativas e oferecer atividades de aprendizado em diversos contextos (Gonzalez *et al.*, 2019).

Ao fomentar interações e ambientes, sejam familiares ou terapêuticos, baseados em amor e afeto, estamos moldando a arquitetura cerebral de nossas crianças e preparando-as para uma vida repleta de vivências e aprendizagens significativas. Em contrapartida, experiências traumáticas, desnutrição, falta de sono adequado, entre outros fatores podem comprometer esse progresso.

Abordar o neurodesenvolvimento infantil, portanto, é reconhecer a importância de um olhar atento a cada etapa, valorizando o potencial de cada interação e oportunidade. É exaltar o papel das intervenções precoces e do afeto nos mais diversos contextos. É inspirar uma sociedade que valorize a infância. Afinal, parafraseando Lya Luft, ela é "o chão sobre o qual um indivíduo caminhará ao longo de toda a vida".

Referências

BARKER, D. J. P. *Fetal and infant origins of adult disease.* BMJ Books, 1990.

BARTOSZECK, A. B. Neurociência dos seis primeiros anos: implicações educacionais. Educere. *Revista da Educação*, v. 1, n. 9, p. 7-32, 2007.

BLACK, M. M. *et al.* Early childhood development coming of age: science through the life course. *The Lancet*, v. 389, n. 10064, p. 77-90, 7 jan. 2017.

BLAKEMORE, S. J. *Inventing ourselves*: the secret life of the teenage brain. New York: PublicAffairs. 2018.

BOURGERON, T. A synaptic journey towards a molecular understanding of autism. *Nature Reviews Neuroscience*, v. 9, n. 16, p. 551-563, 2015.

CENTER ON THE DEVELOPING CHILD. *InBrief*: the science of early childhood development. Harvard University Press, 2007. Disponível em: https://developingchild.harvard.edu/. Acesso em: 4 jan. 2025.

DAWSON, G.; MCPARTLAND, J. Autism and the brain: a perspective on neurodevelopmental disorder. *Annual Review of Clinical Psychology*, v. 10, p. 247-269, 2014.

FRANKENBURG, W. K.; DODDS, J. R.; DUHIG, M. The Denver II: a new revision of the Denver developmental screening test. *Pediatrics*, v. 89, n. 1, p. 91-97, 1992.

GONZALEZ, A.; OLGUÍN, F.; GARCÍA, M. A. The role of environmental enrichment in brain development. *Frontiers in Psychology*, v. 10, n. 205, 2019.

HUTTENLOCHER, P. R. Morphometric study of human cerebral cortex development. *Neuropsychologia*, n. 28, v. 6, p. 517-527, 1990.

KANDEL, E. R.; SCHWARTZ, J. H.; JESSELL, T. M. *Principles of neural science* 6th ed. New York: McGraw-Hill. 2021.

KNUDSEN, E. I. Sensitive periods in the development of the brain and behavior. *Journal of Cognitive Neuroscience*, v. 16, n. 8, p. 1412-1425, 2004.

MEANEY, M. J. Epigenetics and the biological definition of gene x environment interactions. *Child Development*, v. 81, n. 1, p. 41-79, 2010.

MILLER, M. W.; DETH, R. C. Environmental origins of neurodevelopmental disorders. *Frontiers in Neurosclerosis*, n. 13, v. 1242, 2019.

MINSHEW, N. J.; WILLIAMS, D. L. The new neurobiology of autism: the role of the prefrontal cortex. *Journal of Developmental and Behavioral Pediatrics*, v. 28, n. 3, p. 182-192, 2007.

OZONOFF, S.; DAWSON, G.; MCPARTLAND, J. C. *A parent's guide to autism*: the first step in understanding. New York: The Guilford Press, 2000.

SHONKOFF, J. P.; PHILLIPS, D. A. *From neurons to neighborhoods*: the science of early childhood development. Washington, D.C.: National Academy Press, 2000.

SHONKOFF, J. P. *et al.* The lifelong effects of early childhood adversity and toxic stress. *Pediatrics*, v. 129, n. 1, p. e232-e246, 2012.

ZHOU, Y.; LI, M.; WANG, D. Neuroplasticity in brain health and disease. *In: Neuroplasticity*: health and disease. Cham: Springer, 2019. p. 1-10.

CAPÍTULO 02

Autismo

Um olhar atualizado

Este capítulo apresenta uma visão atualizada sobre o transtorno do espectro autista (TEA), destacando avanços recentes em sua compreensão e intervenção. Discutiremos a importância do diagnóstico precoce e dos benefícios da intervenção imediata e das práticas centradas na família, que pode impactar de maneira significativa o desenvolvimento e a qualidade de vida das crianças com autismo.

Márcia Ewellyn

MÁRCIA EWELLYN

Formada em Psicologia, especialista em desenvolvimento infantil, com pós-graduação em Análise do Comportamento Aplicada (ABA) e Neuropsicologia, tem dez anos de experiência na área do autismo. Certificada na Escala Labirinto e na formação profissional em intervenção precoce no autismo. Desde 2022 é CEO do Núcleo Semear Amor, uma clínica com atendimentos voltados ao desenvolvimento infantil na cidade de Paulo Afonso/BA. Atualmente, dedica-se a realizar avaliações do neurodesenvolvimento e a oferecer atendimentos focados na intervenção precoce, com ênfase no apoio às famílias e na promoção do desenvolvimento saudável das crianças.

Contatos: psi.marciaewellyn@gmail.com
Instagram: @marciaewellyn.psi

Os transtornos do desenvolvimento, como o transtorno do espectro autista (TEA), são caracterizados como uma condição complexa do neurodesenvolvimento que aparecem na primeira infância. Diagnosticar sua condição requer a compreensão de fatores como relacionamentos interpessoais, incluindo interação, comunicação e padrões comportamentais (Alen, Melo & Amaral, 2022). As manifestações do autismo variam amplamente, tanto na gravidade quanto na forma como cada indivíduo apresenta suas características, daí a utilização do termo "espectro". Além disso, geralmente é acompanhado por alguma comorbidade, como transtorno de déficit de atenção e hiperatividade (TDAH), transtorno de deficiência intelectual, epilepsia, distúrbios do sono, alterações sensoriais, transtornos alimentares, ansiedade e depressão, que frequentemente co-ocorrem com o autismo (Ronzani *et al.*, 2021). Assim, a compreensão dessas comorbidades é vital para o desenvolvimento das abordagens terapêuticas mais integradas e eficazes (Sousa *et al.*, 2024).

Segundo De Faria & De Souza Borba (2024), estima-se que a prevalência do TEA mundialmente seja de uma a cada 160 pessoas. Esse aumento pode ser atribuído a uma maior conscientização, diagnósticos mais precisos e critérios diagnósticos expandidos.

Do ponto de vista neurobiológico, estudos de imagem cerebral têm mostrado que indivíduos com TEA apresentam diferenças em regiões cerebrais associadas à comunicação e ao processamento sensorial, como o córtex pré-frontal e o córtex temporal. A genética tem desempenhado papel crucial, com pesquisas que identificam centenas de variantes genéticas associadas ao espectro autista (Correia *et al.*, 2021).

O diagnóstico e a intervenção terapêutica para o autismo têm avançado significativamente nas últimas décadas, refletindo uma crescente compreensão do transtorno sobre suas características, causas e abordagens terapêuticas, que cresceram desafiando antigas percepções e promovendo novas formas de intervenção. Esse avanço tem impulsionado uma abordagem mais holística e individualizada, centrada não apenas nas dificuldades, mas também nas potencialidades de cada pessoa dentro do espectro, lançando luz sobre a importância do diagnóstico, da intervenção precoce e das práticas centradas na família. Entretanto, as práticas e os recursos disponíveis para o diagnóstico e tratamento do autismo variam ao redor do mundo, influenciados por fatores culturais, econômicos e estruturais (Girianelli *et al.*, 2023).

Diagnóstico

Os critérios diagnósticos para o autismo evoluíram consideravelmente. Estudos recentes destacam a importância do diagnóstico precoce, tipicamente por volta dos 18 a 24 meses. Assim, a detecção precoce do TEA é crucial para a implementação de intervenções que possam melhorar a qualidade de vida dos indivíduos e é importante que as intervenções sejam iniciadas logo após o diagnóstico, para aproveitar o momento de alta plasticidade cerebral. De acordo com De Souza *et al.* (2022), ferramentas de triagem, como a M-CHAT (do inglês *Modified Checklist for Autism in Toddlers*), são amplamente utilizadas para identificar sinais precoces de autismo em crianças a partir dos 18 meses. Avanços na neuroimagem e na genética também têm contribuído para uma compreensão mais aprofundada das bases biológicas do TEA, embora o diagnóstico ainda se baseie majoritariamente em observações comportamentais.

Intervenções e tratamento

A intervenção precoce é uma das áreas mais estudadas e enfatizadas atualmente, sendo, sem dúvida, um dos pilares no manejo do autismo. Ela é crucial para melhorar os resultados a longo prazo das crianças com TEA

(Martins *et al.*, 2023). Estudos demonstram que terapias iniciadas antes dos cinco anos podem levar a melhorias significativas na qualidade de vida e no desenvolvimento de habilidades de comunicação, além de sociais e cognitivas. Durante os primeiros anos do indivíduo, o cérebro apresenta maior plasticidade, tornando os efeitos das intervenções terapêuticas mais evidentes e duradouros.

Abordagens com evidências científicas, como a ciência da Análise do Comportamento Aplicada (ABA) e o Modelo Denver de Intervenção Precoce (ESDM), têm mostrado eficácia em promover esses avanços. De modo necessário, essas abordagens buscam ensinar habilidades essenciais por meio de reforço positivo e envolvimento intensivo, e podem minimizar os comportamentos inadequados, como autoagressão.

Os avanços tecnológicos também têm facilitado novas formas de intervenção e apoio. Aplicativos de Comunicação Aumentativa e Alternativa (CAA) ajudam muitas crianças não verbais a se comunicarem de maneira mais eficaz, reduzindo frustrações e melhorando a interação social.

Em paralelo, a prática centrada na família tornou-se um pilar nas intervenções para o TEA. Esse modelo reconhece que a família é o principal agente de mudança no desenvolvimento da criança. Envolver os pais e cuidadores permite que as estratégias terapêuticas sejam integradas no cotidiano, aumentando a generalização das habilidades aprendidas, participando das terapias, da escola e reforçando em casa o que a criança aprendeu nesses ambientes, mantendo coerência e constância e maximizando o tempo de aprendizagem.

Inclusão e educação

A inclusão escolar de crianças com autismo tem sido um foco importante na atualidade, mas, apesar dos avanços, ainda existem muitos desafios a serem superados. A educação inclusiva defende que todas as crianças, independentemente de suas necessidades, deveriam ter o direito de aprender juntas. Isso exige adaptações no currículo e na metodologia de ensino, além de treinamento adequado para os educadores. As pesquisas indicam que a inclusão não só beneficia as crianças com autismo, mas também promove um ambiente escolar mais compreensivo e diversificado (Weizenmann *et al.*, 2020).

Em suma, embora continuem existindo muitos desafios, o avanço na compreensão e no tratamento do autismo é evidente. É importante reconhecer a diversidade dentro do espectro autista. Cada indivíduo com TEA é único, com capacidades e desafios próprios. Ainda que haja características comuns, a variabilidade é uma característica central do espectro. Esse reconhecimento impulsiona a necessidade de abordagens personalizadas que respeitem as particularidades de cada indivíduo.

O compromisso contínuo com as pesquisas e intervenção de qualidade é fundamental para que ofereçamos um olhar atualizado e humanizado sobre o TEA, com conexão e cuidado.

Por fim, gostaria de encerrar este capítulo com uma *checklist* prática desenvolvida para profissionais que trabalham com intervenção precoce e prática centrada na família em crianças com TEA.

Checklist prática desenvolvida para profissionais que trabalham com intervenção precoce e prática centrada na família em crianças com TEA

1. Avaliação inicial

[ ] Identificar sinais precoces de autismo, como atraso na fala, contato visual reduzido e dificuldades de interação social.

[ ] Garantir que a avaliação seja multidisciplinar, incluindo análise comportamental, de linguagem e habilidades sociais.

2. Elaboração de plano de intervenção precoce

[ ] Desenvolver um plano individualizado com base nas necessidades específicas da criança.

[ ] Envolver a família no processo de planejamento e nas decisões terapêuticas.

[ ] Garantir que as metas sejam claras, alcançáveis e revisadas regularmente.

3. Intervenção centrada na família

[ ] Incluir os pais e cuidadores em todas as etapas do processo terapêutico.

[ ] Oferecer suporte emocional e treinamento para que possam aplicar estratégias em casa.

[ ] Incorporar a realidade do dia a dia da família, respeitando suas rotinas e dinâmicas.

4. Intervenção e tratamento

[ ] Optar pelos métodos baseados em evidências científicas que mais se adequem à necessidade da criança.

[ ] Avaliar continuamente a eficácia dos métodos aplicados e ajustá-los conforme necessário.

[ ] Facilitar a generalização das terapias para os ambientes naturais da criança, como a escola e a casa.

5. Monitoramento e ajustes

[ ] Realizar avaliações periódicas para medir o progresso da criança em relação às metas estabelecidas.

[ ] Fazer ajustes no plano de intervenção conforme as necessidades da criança evoluam.

[ ] Garantir uma comunicação aberta e contínua com a família e a equipe terapêutica.

6. Integração escolar

[ ] Envolver a escola no planejamento e na implementação de adaptações e suportes necessários.

[ ] Promover a capacitação de professores e profissionais da educação para lidar com o TEA.

[ ] Avaliar a necessidade de serviços especializados na escola, como terapia ocupacional ou acompanhamento psicopedagógico.

7. Investigação de comorbidades

[ ] Déficits de atenção: há sinais de transtorno de déficit de atenção e hiperatividade (TDAH) concomitantes?

[ ] Distúrbios de ansiedade: foram observados sinais de ansiedade, especialmente em situações novas ou desconhecidas?

[ ] Problemas de sono ou alimentação: a criança tem distúrbios no sono (como insônia ou dificuldade de manter o sono) ou padrões alimentares restritivos?

Esta *checklist* pode ser adaptada e expandida conforme as necessidades de cada profissional.

Referências

ALEN, A. R. L. C.; MELO, M. A.; AMARAL, E. A. O autismo e seus desafios sob o olhar da psicologia. *In: 20º ENCONTRO CIENTÍFICO CULTURAL INTERINSTITUCIONAL, Anais* [...]. 2022. Disponível em: https://www4.fag.edu.br/anais-2022/Anais-2022-120.pdf. Acesso em: 9 ago. 2024.

CORREIA, T. L. B. V. *et al.* Alterações epigenéticas no transtorno do espectro autista: revisão integrativa de literatura. *Research, Society and Development*, v. 10, n. 11,

p. e369101119449-e369101119449, 2021. Disponível em: https://rsdjournal.org/index.php/rsd/article/view/19449. Acesso em: 9 ago. 2024.

DE FARIA, M. E. V.; DE SOUZA BORBA, M. G. Autismo e suas possíveis causas. *Revista Ibero-Americana de Humanidades, Ciências e Educação*, v. 10, n. 6, p. 3097-3104, 2024. Disponível em: https://periodicorease.pro.br/rease/article/view/14613. Acesso em: 12 set. 2024.

DE SOUZA, T. M. BRANDÃO, L. F. P.; DEL-FIACO, N. V.; OLIVEIRA, K.M.S.; RODRIGUES, S. J. M.; OLIVEIRA, R. C. Utilização dos instrumentos M-CHAT e CARS para auxiliar no diagnóstico precoce do transtorno do espectro do autismo (TEA). *Revista Ibero-Americana de Humanidades, Ciências e Educação*, v. 8, n. 11, p. 2034-2044, 2022. Disponível em: https://periodicorease.pro.br/rease/article/view/7789. Acesso em: 12 set. 2024.

GIRIANELLI, V. R. *et al.* Diagnóstico precoce do autismo e outros transtornos do desenvolvimento, Brasil, 2013-2019. *Revista de Saúde Pública*, v. 57, n. 21, 2023. Disponível em: https://www.scielo.br/j/rsp/a/JBftZkCxZ6SYbqkJhyvCGYP/?format=pdf&lang=pt. Acesso em: 29 ago. 2024.

MARTINS, A. L. B.; VARELLA, A. A. B.; DE SOUZA PERES, A. J. Transtorno do espectro autista na universidade: da pesquisa básica a aplicada. Campo Grande, MS: Ed. UFMS, 2023. Disponível em: https://repositorio.ufms.br/handle/123456789/5688. Acesso em: 29 ago. 2024.

SOUSA, M. L. F. *et al.* Abordagens terapêuticas no transtorno do espectro autista: uma revisão atualizada. *Brazilian Journal of Implantology and Health Sciences*, v. 6, n. 1, p. 139-152, 2024. Disponível em: https://bjihs.emnuvens.com.br/bjihs/article/view/1180. Acesso em: 14 set. 2024.

RONZANI, L. D. LIN, J.; NETTO, B. B.; DA COSTA, M. A.; DE REZENDE, V. L.; GONÇALVES, C. L. Comorbidades psiquiátricas no transtorno do espectro autista: um artigo de revisão. *Boletim do Curso de Medicina da UFSC*, v. 7, n. 3, p. 47-54, 2021. Disponível em: https://ojs.sites.ufsc.br/index.php/medicina/article/view/4827. Acesso em: 14 set. 2024.

WEIZENMANN, L. S.; PEZZI, F. A. S.; ZANON, R. B. Inclusão escolar e autismo: sentimentos e práticas docentes. *Psicologia Escolar e Educacional*, v. 24, p. 123-134, 2020. Disponível em: https://doi.org/10.1590/2175-35392020217841. Acesso em: 27 set. 2024.

CAPÍTULO 03

Transtornos da aprendizagem

Diagnóstico e intervenção. O texto aborda os transtornos de aprendizagem, explorando causas neurológicas, características e distinções em relação às dificuldades de aprendizagem. Enfatiza a importância da identificação precoce de dislexia, disgrafia, discalculia e transtorno de déficit de atenção e hiperatividade (TDAH), assim como a necessidade de intervenções especializadas. Destaca-se o papel essencial das abordagens psicopedagógicas adaptadas no desenvolvimento.

Marina Silva

MARINA SILVA

É neuropsicopedagoga clínica, com uma trajetória dedicada à educação e à neurociência. Formada em Pedagogia e mãe de meninas atípicas, encontrou na Neuropsicopedagogia sua missão de auxiliar crianças com transtornos do neurodesenvolvimento na superação de barreiras. Iniciou sua carreira como professora, o que a levou à especialização em psicopedagogia, neuropsicopedagogia clínica e institucional, Análise do Comportamento Aplicada (ABA) e diversas outras formações, como o protocolo de identificação de competências executivas e neurojogos. Atualmente, investiga a trajetória cognitiva e social de cada criança, com foco no desenvolvimento de habilidades como memória, atenção e resolução de problemas. Seu compromisso é acolher, compreender e criar estratégias que promovam o avanço de cada criança, sempre em parceria com famílias e profissionais dedicados. É grata por poder transformar vidas e contribuir para um futuro mais inclusivo e próspero.

Contatos: marina-michelle@hotmail.com
Instagram: @marinamichelle_neuropsicopd

Introdução

"O sistema nervoso central é o responsável por processar todas as informações que recebemos do ambiente, sendo o principal mediador das aprendizagens, pois é nele que ocorrem as mudanças estruturais e funcionais que possibilitam a aquisição de novos conhecimentos."

Marta Relvas (2018)

Para especialistas da área, a aprendizagem é entendida como um processo que ocorre no Sistema Nervoso Central (SNC), envolvendo mudanças que, em geral, são duradouras. Essas transformações se manifestam por meio de alterações funcionais ou comportamentais, permitindo que o indivíduo se adapte de maneira mais eficiente ao seu ambiente, em resposta a incitações tanto internas quanto externas.

Esse processo envolve a formação de novas conexões sinápticas e a modificação daquelas já existentes, permitindo que o indivíduo armazene, recupere e aplique conhecimentos em diferentes contextos. Em outras palavras, quando um estímulo familiar é reconhecido pelo SNC, ele evoca uma lembrança; por outro lado, quando o estímulo é inédito, provoca uma alteração.

A identificação precoce de falhas desses processos permite intervenções mais eficazes, como ajustes no ambiente de aprendizagem, apoio psicopedagógico, terapias específicas para estimular áreas cerebrais subdesenvolvidas ou disfuncionais. Prestar atenção, compreender, aceitar, reter, transferir e agir são alguns dos elementos fundamentais da aprendizagem.

Introdução aos transtornos de aprendizagem

Sandra Maria Ciasca define os transtornos de aprendizagem como "distúrbios que ocorrem devido a disfunções no SNC, que interferem na capacidade de ouvir, pensar, falar, ler, escrever, soletrar ou realizar cálculos matemáticos". Segundo ela, esses transtornos frequentemente coexistem com outras condições neurológicas, mas se distinguem por refletirem um déficit específico no processamento da informação, que não pode ser explicado por deficiência intelectual, distúrbios sensoriais, falta de oportunidade educacional ou fatores culturais.

Conforme observado, a definição de transtornos de aprendizagem possui fundamentação neurobiológica, atribuindo as origens dessas dificuldades ao próprio indivíduo. Isso implica que, embora as dificuldades de aprendizagem possam manifestar-se simultaneamente a outras condições (socioeconômicas, sensoriais, intelectuais, educacionais), a "disfunção" ainda seria inerente ao sujeito.

Além disso, transtornos da aprendizagem são descritos em detalhes tanto no DSM-5-TR (do inglês *Diagnostic and statistical manual of mental disorders*, 5ª edição revisada) quanto no CID-11 (classificação internacional de doenças, 11ª revisão).

Essas publicações são duas das principais ferramentas de classificação utilizadas mundialmente para diagnóstico de transtornos mentais e de saúde, incluindo os de aprendizagem. Ambas oferecem diretrizes e critérios específicos que auxiliam profissionais de saúde a realizar diagnósticos precisos, embora apresentem diferenças significativas em suas abordagens e escopos, refletindo a complexidade e a variedade de manifestações desses transtornos.

Distinção entre dificuldades de aprendizagem e transtornos de aprendizagem

A distinção entre dificuldades e transtornos de aprendizagem é crucial para compreender as barreiras educacionais. As dificuldades de aprendizagem são geralmente temporárias e causadas por fatores externos, como ensino inadequado, podendo ser superadas com ajustes no ambiente ou estratégias pedagógicas.

Em contraste, os transtornos de aprendizagem têm origem neurológica, são persistentes e afetam o processamento cerebral, necessitando de abordagens especializadas. Sandra Maria Ciasca (2003) destaca que esses transtornos resultam de disfunções neurobiológicas e não apenas de ensino deficiente.

Principais transtornos de aprendizagem

No DSM-5-TR, os transtornos de aprendizagem são agrupados em três categorias principais sob o termo "transtornos específicos de aprendizagem". Essa expressão abrange uma série de dificuldades específicas nas habilidades acadêmicas:

- **Transtornos da leitura**: dificuldades na leitura de palavras e problemas com a precisão e a fluência da leitura.
- **Dificuldade na compreensão de leitura**: problemas para entender o texto lido.
- **Transtornos da escrita**: dificuldades na ortografia e problemas para escrever palavras corretamente.
- **Dificuldade na expressão escrita**: problemas com a clareza ou organização da escrita.
- **Transtornos da matemática**: dificuldades no cálculo, problemas para realizar operações matemáticas.
- **Dificuldade na resolução de problemas matemáticos**: problemas para aplicar Matemática a fim de resolver problemas.

Noções básicas de alguns transtornos da aprendizagem

A dislexia é um transtorno de origem neurológica, que afeta a leitura e a escrita. A dislexia se manifesta pela dificuldade em reconhecer palavras de forma precisa e/ou fluente, pela habilidade pobre de decodificação e por dificuldades na ortografia. A dislexia pode ser de três tipos: visual, auditiva ou mista (Jardini, 2003).

O transtorno está relacionado a um funcionamento atípico dos circuitos neuronais envolvidos no processamento fonológico. Após o diagnóstico, as intervenções podem incluir: ensino individualizado, suporte psicológico e emocional, colaboração com a escola.

A disgrafia é o transtorno que afeta a habilidade de escrever de maneira clara e organizada, conhecida como "letra feia". A disgrafia pode se manifestar na caligrafia, na ortografia ou na organização das frases e pensamentos. Isso ocorre no estabelecimento da relação entre o sistema simbólico e as grafias. Em análise neurobiológica, esse transtorno envolve áreas cerebrais que controlam o movimento e a coordenação motora, como o córtex motor e as vias cerebelares.

De acordo com Hudson (2019), a disgrafia pode ser classificada em três tipos principais:

1. Disgrafia espacial, que surge quando há problemas no processamento visual e na percepção do espaço, resultando em dificuldades para manter a escrita alinhada, além de desafios ao desenhar e colorir.
2. Disgrafia motora, caracterizada pelo desenvolvimento insuficiente do controle muscular das mãos e punhos, o que compromete o alinhamento das letras.
3. Disgrafia de processamento (ou disgrafia disléxica), que se manifesta pela dificuldade em reconhecer a forma correta das letras, ocasionando uma dificuldade significativa na escrita, com troca de letras, falhas na formação das palavras e dificuldades de organização espacial no papel.

A discalculia é um transtorno específico da aprendizagem que afeta a habilidade de uma pessoa em entender e trabalhar com números e conceitos matemáticos; neurobiologicamente, está associada a disfunções nas áreas parietais do cérebro, como o sulco intraparietal, que desempenha papel importante em processamento de quantidades, cálculos e percepção espacial.

García (1998) apontou que a discalculia pode ser de seis tipos diferentes:

1. Discalculia verbal, com dificuldades de nomear quantidades, números, termos, símbolos e as relações.
2. Discalculia practognóstica, a dificuldade para enumerar e comparar matematicamente.
3. Discalculia léxica, a dificuldade na leitura dos símbolos matemáticos.
4. Discalculia gráfica, a dificuldade para escrever símbolos matemáticos.

5. Discalculia ideognóstica, a dificuldade com operações mentais.
6. Discalculia operacional, a dificuldade para executar operações e cálculos. A identificação da discalculia geralmente ocorre durante a fase escolar, por meio de avaliações psicopedagógicas e neuropsicológicas.

O transtorno de déficit de atenção e hiperatividade (TDAH) está relacionado a alterações neurobiológicas que afetam o córtex pré-frontal, e é um transtorno do neurodesenvolvimento que se caracteriza por um padrão persistente de desatenção, hiperatividade e impulsividade, que interfere no funcionamento diário ou no desenvolvimento da pessoa. Segundo os critérios diagnósticos mais recentes, o TDAH é dividido em três subtipos:

1. Predominantemente desatento.
2. Predominantemente hiperativo-impulsivo.
3. O tipo combinado (quando há características significativas de ambos).

O conceito atual do TDAH reconhece que não se trata apenas de uma condição da infância, mas que pode persistir na adolescência e na vida adulta, com variações nos sintomas ao longo do tempo. O transtorno é associado a alterações na estrutura e no funcionamento do cérebro, afetando áreas responsáveis pelo controle de impulsos, atenção e regulação emocional. O diagnóstico é complexo e controverso, devido à semelhança dos sintomas com outros distúrbios, e requer avaliação cuidadosa, especialmente porque comportamentos considerados inadequados em sala de aula nem sempre indicam TDAH.

Diagnóstico e avaliação

Os critérios diagnósticos do *DSM-5-TR* para transtornos específicos de aprendizagem incluem dificuldades persistentes em habilidades acadêmicas (leitura, escrita ou Matemática) por pelo menos seis meses, com desempenho significativamente abaixo do esperado para a idade, que começam durante os anos escolares e não são explicadas por outras causas, como deficiências intelectuais ou sensoriais.

Para a dislexia, o diagnóstico se concentra na análise das habilidades de leitura, em especial no processamento fonológico e decodificação de palavras, excluindo outras causas, como déficits visuais (Snowling, 2013). A avaliação da discalculia envolve testes de habilidades matemáticas, como compreensão numérica e cálculos simples, e a análise de dificuldades em tarefas matemáticas básicas (Butterworth *et al.*, 2011). O diagnóstico de disgrafia inclui avaliação da motricidade fina e da organização da escrita, observando erros recorrentes na formação das letras (Berninger *et al.*, 2006). O TDAH é avaliado por meio de observações comportamentais e testes psicopedagógicos, incluindo a análise de desatenção, hiperatividade e impulsividade (Faraone *et al.*, 2005).

O diagnóstico precoce desses transtornos é vital para implementar intervenções eficazes e minimizar os impactos negativos no desenvolvimento acadêmico e emocional. Fletcher *et al.* (2007) afirmam que intervenções precoces na dislexia levam a melhores resultados de leitura a longo prazo. A identificação precoce do TDAH pode prevenir problemas comportamentais futuros (Biederman & Faraone, 2005). Na discalculia, intervenções precoces ajudam a desenvolver estratégias compensatórias para dificuldades matemáticas (Shalev, 2004). Para disgrafia, intervenções com técnicas de escrita assistida e coordenação motora podem melhorar significativamente a qualidade da escrita (Berninger & Wolf, 2009).

Intervenção e tratamento

Segundo Alicia Fernández, as abordagens psicopedagógicas devem ir além da simples transmissão de conteúdo, compreendendo o processo de aprendizagem de forma ampla e integradora. Em *A inteligência aprisionada*, ela argumenta que o trabalho psicopedagógico deve considerar a totalidade do sujeito, incluindo aspectos cognitivos, emocionais e contextuais. Fernández afirma que "o aprender e o ensinar não são atos isolados, mas estão imersos nas relações que o sujeito estabelece com o saber e com os outros" (Fernández, 1990). Portanto, as estratégias de ensino precisam ser personalizadas, levando em conta as singularidades de cada estudante.

O uso de metodologias ativas, como a aprendizagem baseada em problemas e a mediação cognitiva, facilita a participação crítica e reflexiva do aluno em seu próprio processo de aprendizagem. Além disso, o ambiente de aprendizagem deve ser flexível e adaptável para atender às dificuldades específicas dos alunos. De acordo com Bossa (2007), as intervenções psicopedagógicas devem incluir a mediação entre o aluno e o conteúdo, assim como abordagens lúdicas que promovam o desenvolvimento cognitivo de forma natural.

Conclusão

O estudo dos transtornos de aprendizagem exige compreensão profunda da neurobiologia da aprendizagem, destacando o papel do SNC nesse processo. Como a aprendizagem envolve mudanças duradouras no SNC, identificar precocemente anormalidades permite intervenções mais eficazes. Transtornos como dislexia, disgrafia, discalculia e TDAH têm bases neurobiológicas e afetam o desenvolvimento acadêmico e cognitivo.

Distinguir entre dificuldades e transtornos de aprendizagem é fundamental para implementar estratégias educacionais e terapêuticas adequadas. As intervenções devem ir além da simples transmissão de conteúdo, adotando uma abordagem integradora que considere as necessidades cognitivas, emocionais e contextuais.

Alicia Fernández destaca que a aprendizagem é uma experiência total, influenciada pelas relações do aluno com o conhecimento e com os outros. Compreender a neurobiologia da aprendizagem e os critérios diagnósticos dos transtornos é fundamental para buscar intervenções baseadas em evidências. Além disso, a colaboração entre profissionais é essencial para o sucesso no atendimento a essas crianças e jovens.

Encerrando este capítulo, destacamos a importância do diagnóstico precoce para intervenções eficazes em transtornos de aprendizagem. Para facilitar essa prática, criamos um *checklist* de avaliação disponível no nosso Instagram. Escaneie o QR Code abaixo e acesse esse recurso para aprimorar seu trabalho psicopedagógico.

Referências

BERNINGER, V. W. *et al.* Treatment of handwriting problems in beginning writers: transfer from handwriting to composition. *Journal of Educational Psychology*, v. 89, n. 4, p. 652-666, 2006.

BERNINGER, V. W.; WOLF, B. J. *Teaching students with dyslexia and dysgraphia*: lessons from teaching and science. Baltimore: Paul H. Brookes Publishing, 2009.

BIEDERMAN, J.; FARAONE, S. V. Attention-Deficit/Hyperactivity Disorder. *The Lancet*, v. 366, n. 9481, p. 237-248, 2005.

BOSSA, N. A. *A psicopedagogia no Brasil*: contribuições a partir da prática. São Paulo: Vozes, 2007.

BUTTERWORTH, B.; VARMA, S.; LAURILLARD, D. Dyscalculia: from brain to education. *Science*, v. 332, n. 6033, p. 1049-1053, 2011.

CIASCA, S. M. *Distúrbios de aprendizagem*: proposta de avaliação interdisciplinar. São Paulo: Casa do Psicólogo, 2003.

FARAONE, S. V.; BIEDERMAN, J.; MICK, E. The age-dependent decline of attention deficit hyperactivity disorder: a meta-analysis of follow-up studies. *Psychological Medicine*, v. 36, n. 2, p. 159-165, 2005.

FERNÁNDEZ, A. *A inteligência aprisionada*: abordagem psicopedagógica clínica da criança e sua família. Porto Alegre: Artmed, 1990.

FLETCHER, J. M.; LYON, G. R.; FUCHS, L. S.; BARNES, M. A. *Learning disabilities*: from identification to intervention. Nova Iorque: The Guilford Press, 2007.

GARCÍA, J. N. *Las dificultades de aprendizaje*. [s.l.]: Pirámide, 1998.

HUDSON, R. *Understanding and teaching the "handwriting brain"*: a new theory of the handwriting brain. Lanham: Lexington Books, 2019.

JARDINI, R. S. R. *Dislexia e distúrbios de aprendizagem*. São Paulo: Edusp, 2003.

RELVAS, M. V. C. *Neurociência e educação*: o cérebro que aprende. Rio de Janeiro: WAK Editora, 2018.

SHALEV, R. S. Developmental dyscalculia. *Journal of Child Neurology*, v. 19, n. 10, p. 765-771, 2004.

SNOWLING, M. J. *Dyslexia*. Hoboken: John Wiley & Sons, 2013.

CAPÍTULO 04

Estimulação das funções executivas na primeira infância

Abordagens práticas e desenvolvimento cognitivo

Este capítulo se concentra na relevância do desenvolvimento das funções executivas em crianças pequenas, fundamentais para o planejamento, controle de impulsos, memória de trabalho e flexibilidade cognitiva. O texto subsequente explora métodos práticos para incentivar essas funções durante a primeira infância, uma etapa crucial para o desenvolvimento cerebral e de significativa importância para o crescimento ao longo da vida. Portanto, torna-se essencial expandir o debate sobre estratégias eficazes para promover o desenvolvimento das funções executivas desde os primeiros anos de vida.

Danielle Bartira de Melo Marçal

DANIELLE BARTIRA DE MELO MARÇAL

Pedagoga, psicopedagoga, mestranda em Neurociência e Educação, especialista em neuroeducação e primeira infância, neuropsicologia e os transtornos do neurodesenvolvimento; diretora do Espaço Casulo – Clínica multidisciplinar e coordenadora pedagógica dos cursos de especialização em neurociência aplicada à educação e psicopedagogia.

Contato: daniellebartira@gmail.com

Introdução

As funções executivas são um conjunto essencial de habilidades cognitivas que englobam o controle inibitório, a memória de trabalho e a flexibilidade cognitiva. Essas competências desempenham papel crucial no desenvolvimento de comportamentos adaptativos e na obtenção de sucesso acadêmico e social ao longo da vida. A primeira infância é uma fase crítica para o aprimoramento das funções executivas, pois é quando o cérebro passa por rápidas transformações e possui alta plasticidade. Este capítulo aborda a importância de estimular as funções executivas durante essa etapa inicial da vida, apresentando estratégias práticas baseadas em evidências científicas externas para terapeutas, pais e educadores.

Importância das funções executivas na primeira infância

As funções executivas são reguladas principalmente pelo córtex pré-frontal, uma região do cérebro que continua a se desenvolver até a idade adulta.

Durante os primeiros anos de vida, o desenvolvimento das funções executivas é particularmente sensível às influências ambientais. Isso significa que intervenções e estímulos protetores podem ter efeitos duradouros.

O controle inibitório ajuda as crianças a resistirem a impulsos e manterem o foco em tarefas específicas, enquanto a memória de trabalho é essencial para reter e manipular informações. A flexibilidade cognitiva permite que elas mudem de perspectiva ou se adaptem às novas regras e situações (Miyake *et al.*, 2000). Essas habilidades são essenciais para o sucesso acadêmico e social, pois auxiliam na capacidade que as crianças têm de planejar, resolver problemas e regular suas emoções (Blair & Raver, 2015).

A memória de trabalho é crucial para a aprendizagem e resolução de problemas, pois permite manter e manipular informações na mente por breves períodos. Durante a infância, essa habilidade se destacou em termos de importância devido ao seu forte brilho com o sucesso acadêmico futuro. Estudos como os realizados por Gathercole *et al.* (2004) mostram que crianças com uma memória de trabalho mais desenvolvida costumam ter um desempenho superior em tarefas escolares e testes padronizados. Isso deve-se ao fato de a memória de trabalho ser vital para seguir instruções, resolver problemas matemáticos, entender textos e realizar outras atividades cognitivas complexas. Assim sendo, fortalecer desde cedo essa capacidade cognitiva pode ser uma estratégia eficaz para garantir o sucesso educacional no longo prazo.

A flexibilidade cognitiva é uma habilidade essencial que permite às pessoas alterarem suas perspectivas ou se ajustarem a novas regras e situações. Essa capacidade é particularmente importante na resolução de problemas e no estímulo à criatividade. Crianças que desenvolvem essa liberdade mental geralmente são mais eficientes ao enfrentar mudanças e desafios, o que pode influenciar positivamente seu desenvolvimento acadêmico e social.

A flexibilidade cognitiva refere-se à habilidade de alternar entre diferentes tarefas ou pensamentos, adaptar estratégias conforme necessário e levar em conta vários aspectos de uma situação. Essa competência faz parte do funcionamento executivo do cérebro, que também engloba o controle inibitório e a memória operacional. Essas funções executivas trabalham juntas para ajudar as crianças a planejar, concentrar sua atenção, recordar instruções e realizar múltiplas atividades com eficácia.

Intervenções na primeira infância, como programas educacionais de alta qualidade e ambientes familiares enriquecedores, têm o potencial de promover o desenvolvimento das funções executivas. Estudos indicam que crianças que participam antecipadamente desses programas de intervenção registram melhorias significativas nessas habilidades, o que pode resultar em melhores resultados educacionais e sociais a longo prazo (Heckman, 2006).

Além disso, praticar atividades que incentivam o jogo simbólico, a resolução de problemas e a interação social podem fortalecer as funções executivas. Por exemplo, jogos desplugados em que crianças seguem regras ou recordam sequências específicas podem aprimorar o controle inibitório e a memória de trabalho (Bodrova & Leong, 2007).

Estimulação das funções executivas: abordagens práticas

O estímulo das funções executivas é fundamental para o desenvolvimento cognitivo e pode ser facilmente incorporado em atividades diárias simples, sem a necessidade de recursos avançados. As funções executivas englobam habilidades como planejamento, organização, controle inibitório, memória de trabalho e flexibilidade cognitiva. Terapeutas, pais e educadores podem adotar estratégias práticas para promover essas habilidades tanto em crianças quanto em adultos.

Uma estratégia eficaz é incluir jogos e atividades que desafiem a memória de trabalho e o controle inicial. Jogos de tabuleiro, quebra-cabeças e tarefas que exigem seguir instruções complexas podem contribuir para o aprimoramento dessas habilidades. Além disso, atividades como cozinhar ou planejar, especificamente focadas em planejamento e organização, podem ser ajustadas para incorporar etapas que promovam o pensamento crítico e a resolução de problemas.

Outra abordagem é estimular a autorregulação emocional e o controle inibitório por meio de práticas de mindfulness e meditação. Essas atividades ajudam as pessoas a expandir sua consciência sobre seus pensamentos e emoções, possibilitando um controle mais eficaz das reações impulsivas.

A flexibilidade cognitiva pode ser aprimorada por meio de atividades que promovem a adaptação a novas regras ou incentivam diferentes abordagens para resolver problemas. Jogos que bloqueiam os participantes, mudanças de estratégia ou adaptações às novas condições são especialmente adequados nesse processo.

Por último, é essencial estabelecer um ambiente que favoreça o desenvolvimento das funções executivas, fornecendo rotinas consistentes e oportunidades para a tomada de decisões. Isso pode envolver a participação em atividades coletivas em que a colaboração e a negociação são incentivadas, promovendo habilidades sociais e comunicativas.

Essas estratégias práticas não apenas favorecem o desenvolvimento das funções executivas, mas também são positivas para o bem-estar geral e para o sucesso acadêmico e profissional dos indivíduos. A incorporação dessas práticas no dia a dia pode ser realizada de maneira simples e eficaz, trazendo benefícios tanto para crianças quanto para adultos em seu crescimento cognitivo e emocional.

Sugestões de atividades que podem oferecer estímulos de forma prática e eficaz:

1. **Jogos de regras**: jogos como "Simão diz" ou "Sr. Rei mandou" ou "Estátua" ajudam, por exemplo, a desenvolver o controle inibitório, pois exigem que as crianças sigam instruções específicas e inibam respostas automáticas.
2. **Atividades de memória**: jogos de memória, como "Memória" ou "O que mudou?", estimulam a memória de trabalho ao desafiar as crianças a recordar e manipular informações que tenham acontecido com muita brevidade.
3. **Brincadeiras de "faz de conta"**: atividades que envolvem papéis e cenários imaginários promovem a flexibilidade cognitiva, permitindo que as crianças explorem diferentes perspectivas e soluções criativas.
4. **Rotinas estruturadas**: estabelecer rotinas diárias previsíveis pode ajudar as crianças a desenvolver habilidades de planejamento e organização, componentes importantes das funções executivas.
5. **Discussões reflexivas**: encorajar as crianças a refletir sobre suas ações e decisões pode melhorar a metacognição e a autorregulação, aspectos cruciais das funções executivas.

Evidências científicas e validação

A eficácia das estratégias discutidas é aprimorada por uma vasta gama de pesquisas científicas. Estudos longitudinais apontam que as disposições iniciais previstas para funções executivas podem resultar em melhorias significativas em áreas como desempenho acadêmico, comportamento social e saúde mental (Moffitt *et al.*, 2011).

Um estudo realizado por Diamond e Lee (2011) demonstrou que programas educacionais envolvendo atividades de estimulação das funções executivas levaram a melhorias significativas no controle inibitório e na memória de trabalho em crianças pequenas. Além disso, pesquisas conduzidas por Blair e Raver (2015) indicam que o desenvolvimento das funções executivas está estreitamente relacionado ao crescimento emocional e social, enfatizando assim a importância de abordagens integradas.

Conclusão

Em resumo, as funções executivas têm um papel vital no desenvolvimento infantil e são fortemente influenciadas por fatores ambientais na primeira infância. Investir em intervenções e estímulos adequados pode trazer benefícios positivos para o desenvolvimento cognitivo e social das crianças. Estimular essas habilidades desde cedo é uma estratégia eficaz para promover avanços cognitivos, emocionais e sociais nos pequenos. Ao incorporar atividades simples baseadas em evidências ao dia a dia, terapeutas, pais e educadores podem apoiar esse processo essencial de formação. O investimento na estimulação precoce não só beneficia individualmente cada criança, mas também contribui de forma significativa para o progresso de uma sociedade mais adaptável e resiliente.

Referências

BLAIR, C.; RAVER, C. C. School readiness and self-regulation: a developmental psychobiological approach. *Annual Review of Psychology*, n. 66, p. 711-731, 2015.

BODROVA, E.; LEONG, D. J. *Tools of the mind*: the vygotskian approach to early childhood education. Upper Saddle River: Pearson, 2007.

DIAMOND, A. Executive functions. *Annual Review of Psychology*, n. 64, p. 135-168, 2013.

DIAMOND, A.; LEE, K. Interventions shown to aid executive function development in children 4 to 12 years old. *Science*, v. 333, n. 6045, p. 959-964, 2011.

GATHERCOLE, S. E.; PICKERING, S. J.; AMBRIDGE, B.; WEARING, H. The structure of working memory from 4 to 15 years of age. *Developmental Psychology*, v. 40, n. 2, p. 177-190, 2004.

GATHERCOLE, S. E.; PICKERING, S. J.; KNIGHT, C.; STEGMANN, Z. Working memory skills and educational attainment: evidence from national curriculum assessments at 7 and 14 years of age. *Applied Cognitive Psychology*, v. 18, n. 1, p. 1-16, 2004.

HECKMAN, J. J. Skill formation and the economics of investing in disadvantaged children. *Science*, v. 312, n. 5782, p. 1900-1902, 2006.

MIYAKE, A.; FRIEDMAN, N. P.; EMERSON, M. J.; WITZKI, A. H.; HOWERTER, A.; WAGER, T. D. The unity and diversity of executive functions and their contributions to complex "frontal lobe" tasks: a latent variable analysis. *Cognitive Psychology*, v. 41, n. 1, p. 49-100, 2000.

MOFFITT, T. E. *et al.* A gradient of childhood self-control predicts health, wealth, and public safety. *Proceedings of the National Academy of Sciences*, v. 108, n. 7, p. 2693-2698, 2011.

ZELAZO, P. D. Executive function: reflection, iterative reprocessing, complexity, and the developing brain. *Developmental Review*, v. 38, p. 55-68, 2015.

CAPÍTULO 05

Anamnese

A importância das informações qualitativas para a intervenção e o raciocínio clínico

Neste capítulo, os profissionais encontrarão todos os tópicos qualitativos necessários para a construção da história clínica da criança, possibilitando uma intervenção eficaz, a partir de dados que orientam o raciocínio clínico. A escuta ativa, com empatia e registro adequado, fortalece a relação terapêutica e garante intervenções individualizadas e dinâmicas ajustadas ao contexto familiar.

Nathalia Freire

NATHALIA FREIRE

Fisioterapeuta formada em 2006 (UniverCidade-RJ), especialista em fisioterapia neurofuncional na saúde da criança e do adolescente (COFFITO), pós-graduada em Fisioterapia funcional pediátrica, fisioterapia cardiorrespiratória na unidade de terapia intensiva neonatal, docência do ensino superior, intervenção de Análise do Comportamento Aplicada (ABA) no transtorno do espectro autista (TEA) e fisioterapia no TEA. Coordenou e supervisionou estágios clínicos, é docente de cursos de pós-graduação e de extensão. Esposa de Marcelo, mãe de Giovanna e Marcellinho, apaixonada pelo desenvolvimento infantil, atua na área clínica na intervenção precoce nos diversos transtornos do neurodesenvolvimento, aliando cuidado humanizado e prática baseada em evidências.

Contatos: nathfreire@gmail.com
Facebook: nathfreirefisiopedi
Instagram: @nathfreirefisiopedi
73 99191 9004

A avaliação destina-se à coleta de dados necessários para auxiliar no diagnóstico e estabelecer hipóteses funcionais, integrando os sistemas motor, somatossensorial e cognitivo, além de aspectos emocionais. Com ela, identificamos a evolução maturacional do sistema nervoso, observando possíveis atrasos no desenvolvimento neuropsicomotor, avaliando o comportamento e a capacidade de interação do indivíduo com o meio ambiente.

O primeiro ponto de uma avaliação bem estruturada é a realização da anamnese ou entrevista inicial. A anamnese consiste em recuperar e trazer à consciência informações relevantes sobre a história da doença e aspectos da vida do paciente, constituindo seu histórico clínico.

A entrevista inicial permite ao profissional obter um conhecimento aprofundado da família, entendendo não apenas os sintomas apresentados, mas também o contexto em que ocorrem. Ela estabelece uma relação positiva entre o profissional e a família, coleta elementos da história clínica, identifica os fatores pessoais e familiares relacionados ao processo saúde/doença, guia o exame físico e define estratégias de investigação complementar, além de direcionar o processo terapêutico em função do entendimento global a respeito do núcleo familiar.

No processo de anamnese para intervenção precoce no autismo, é fundamental que a equipe multidisciplinar obtenha informações detalhadas sobre o desenvolvimento da criança desde os primeiros meses de vida. Como crianças pequenas ou com dificuldades de comunicação podem não conseguir expressar claramente suas experiências e sensações, a colaboração dos pais ou responsáveis torna-se essencial. Eles são as principais fontes de informações sobre comportamentos, marcos de desenvolvimento, dificuldades de interação social e possíveis sinais de atraso.

A equipe multidisciplinar, composta por profissionais como fisioterapeutas, psicólogos, fonoaudiólogos, terapeutas ocupacionais, dentre outros, deve realizar uma anamnese integrada, considerando não apenas os relatos dos responsáveis, mas também observações diretas da criança em diferentes contextos (clínica, escola, domicílio). Essa abordagem colaborativa permite uma visão mais completa, cruzando as informações fornecidas pelos familiares com avaliações clínicas objetivas, o que facilita a construção de um plano de intervenção personalizado e eficaz.

A entrevista inicial é composta por dados quantitativos e qualitativos. Os dados quantitativos são informações objetivas e mensuráveis, como peso, altura ou a idade em que certas habilidades foram alcançadas, além de dados obtidos por meio dos instrumentos de avaliação. Já os dados qualitativos envolvem aspectos subjetivos e descritivos, que oferecem uma visão aprofundada sobre a criança, sua família e o contexto em que estão inseridos.

Esse processo deve ser conduzido por profissional capacitado, que possua habilidades de escuta e consiga estabelecer uma relação empática com a família, compreendendo o que sentem, transmitindo-lhes compreensão e mantendo a objetividade necessária para esclarecer todas as dúvidas. A anamnese deve ser realizada em ambiente apropriado, tranquilo e livre de interrupções, com tempo adequado para uma escuta ativa e acolhedora.

O profissional deve registrar todos os aspectos relevantes relatados pela família, assim como outras características observadas. A forma e a qualidade com que a primeira entrevista é realizada determinará as próximas etapas a serem seguidas na interação com o paciente e na adesão da família ao tratamento. Existem três maneiras de se realizar uma anamnese, considerando a forma de condução: ativa ou direta, seguindo um roteiro estruturado de perguntas; passiva ou indireta, em que a família relata livremente sua demanda, sem direcionamento ou interrupções; e mista, que combina ambos os tipos, sendo a forma mais utilizada nos dias de hoje.

A estrutura da anamnese qualitativa auxilia na obtenção de informações detalhadas que guiarão o raciocínio clínico e a intervenção na infância. Inicialmente, deve-se considerar o histórico familiar e médico da criança, detalhes sobre a gravidez e o parto, primeiros anos de vida, além de possíveis doenças anteriores, internações, alergias e medicamentos em uso.

Posteriormente, o profissional deve explorar os marcos do desenvolvimento em habilidades motoras, linguagem, cognição e socialização, observando não apenas se foram atingidos, mas também a qualidade desses marcos. Padrões de sono, alimentação, preferências e reações emocionais também devem ser considerados para obter uma visão completa do comportamento da criança em diferentes contextos.

O entendimento das interações familiares, estilos parentais, rotinas e o suporte social disponível à criança são fundamentais para avaliar o ambiente em que ela vive. Questões como a relação entre os pais, a presença de figuras de apoio e oportunidades de estimulação influenciam diretamente o desenvolvimento. Além disso, eventos estressantes como mudanças familiares, traumas ou luto impactam de maneira significativa o comportamento e as necessidades da criança.

As expectativas e perspectivas da família também devem ser consideradas. Ouvir atentamente o que eles esperam da intervenção, suas principais preocupações e como veem o desenvolvimento da criança é crucial para construir uma relação colaborativa e definir metas terapêuticas realistas. As crenças, os valores e as experiências anteriores da família com intervenções ou tratamentos influenciam diretamente sua disposição para participar de modo ativo do processo terapêutico.

É importante reconhecer que toda informação na anamnese possui componentes cognitivos e emocionais. O profissional deve estar atento às ansiedades da família durante o primeiro contato e ao relatar a condição da criança. Acompanhando o contexto não verbal, como entonação da voz, expressões faciais e postura corporal, o profissional pode preencher lacunas não verbalizadas, certificando-se dos dados observados com a família. O uso de resumos e confirmações periódicas sobre o que está sendo dito é uma técnica eficaz para assegurar à família que ela está sendo adequadamente compreendida e favorece o vínculo na relação terapêutica.

Desafios durante a coleta de informações qualitativas devem ser evitados: conduzir uma entrevista padronizada e inflexível que não considera as especificidades da família; falhas na comunicação, como não criar um ambiente acolhedor ou não demonstrar empatia, o que dificulta a coleta de informações detalhadas; focar exclusivamente em aspectos biomédicos e negligenciar fatores psicossociais; interromper os cuidadores durante o relato e não ouvir ativamente suas demandas.

A anamnese qualitativa não se limita à coleta de informações, mas constrói uma narrativa detalhada da vida da criança, permitindo que o profissional compreenda suas necessidades de forma profunda e desenvolva intervenções individualizadas, eficazes e humanizadas, com informações específicas que poderão ser utilizadas no momento de observação da criança.

Nas sessões de observação, a sala deve ser preparada para receber a criança com recursos de preferência específicos que já foram colhidos na anamnese. Tudo deve ser observado: como a criança chega na clínica, como reage ao novo ambiente, qual o nível de atividade (é mais agitada ou mais tranquila?), como se comunica de forma expressiva e receptiva, como realiza o contato visual, como são as iniciativas de interação, as variações do brincar, como reage nas trocas de turno, como está a coordenação motora grossa e fina, como ela percebe a integração dos sentidos, se existe presença de comportamentos inadequados, como se relaciona com os cuidadores. Além disso, deve-se observar quais os pontos fortes dessa criança e as habilidades que ela já domina que servirão como porta de entrada para a intervenção.

Ao integrar dados qualitativos no raciocínio clínico, o profissional consegue adaptar o plano de intervenção de forma dinâmica e responsiva, ajustando estratégias conforme as mudanças observadas no comportamento e nas respostas da criança ao tratamento. Isso é especialmente relevante na intervenção precoce, em que o desenvolvimento da criança pode ocorrer com rapidez e o plano terapêutico precisa ser revisado de modo frequente, a fim de garantir que atenda às necessidades e expectativas do terapeuta e da família.

Elaboração da anamnese qualitativa

1. **Identificação da criança**: nome completo, data de nascimento, idade, gênero, nome dos pais/cuidadores, endereço e contatos, composição familiar, diagnóstico clínico e dados da equipe médica.
2. **Queixa principal**: motivo da consulta, dificuldades da criança e da família, cuidados especiais, atividades realizadas de forma autônoma e duração das queixas.
3. **Histórico da condição atual**: início dos sinais e sintomas, comprometimentos motores, limitações funcionais, exames realizados, terapias e atividades extras que realiza, uso de medicações.
4. **História patológica pregressa**: vacinações, traumas, infecções, convulsões, déficits motores e sensoriais, cirurgias, funcionamento dos sistemas digestivo, respiratório e circulatório.

5. **Histórico pré-natal e perinatal**: idade gestacional no nascimento, complicações durante a gravidez, hábitos da mãe (tabagismo, álcool, drogas), natimortos ou abortos anteriores, tipo de parto, complicações e intervenções neonatais (UTI, icterícia, convulsões, cianose, ventilação mecânica, prematuridade).
6. **Histórico familiar**: doenças hereditárias, estrutura e rotina familiar, papel dos cuidadores, situações de estresse familiar.
7. **Histórico de desenvolvimento**: marcos motores, de linguagem, habilidades cognitivas, interações sociais, desenvolvimento do apego, resposta a mudanças de rotina, expressão emocional, reações a estímulos visuais, auditivos, táteis, paladar e olfato.
8. **Histórico social**: rotina, hábitos de alimentação e higiene, sono, moradia, contato com animais, rede de apoio, uso de órteses (óculos, auditivas, talas) ou dispositivos de locomoção (cadeira de rodas, andadores), comportamento escolar.
9. **Observação da criança**: comunicação, aspectos comportamentais, atenção, concentração, nível de compreensão, movimentos grossos e finos, coordenação e equilíbrio, interesse e curiosidade, interação social, expressões emocionais, respostas a mudanças no ambiente, comportamentos desafiadores, como birras, agressividade, presença de rituais, estereotipias e hiperfocos.
10. **Expectativas da família**: melhorias esperadas, progresso ou intervenções específicas, entendimento da família sobre os desafios da criança e como eles percebem o desenvolvimento dela em comparação a outras crianças da mesma idade.

Referências

BALDUINO, P. M.; PALIS, F. P.; PARANAÍBA, V. F.; DE ALMEIDA, H. O.; TRINDADE, E. M. V. A perspectiva do paciente no roteiro de anamnese: o olhar do estudante. *Revista Brasileira de Educação Médica*, v. 36, n. 3, p. 335-342, 2012.

NUSSBAUM, A. M. *Guia para o exame diagnóstico segundo o DSM-5*. Porto Alegre: Artmed, 2015.

SANTOS, N.; VEIGA, P.; ANDRADE, R. Importância da anamnese e do exame físico para o cuidado do enfermeiro. *Revista Brasileira de Enfermagem*, v. 64, n. 2, p. 355-358, 2011.

SOUSA, A. M. K. *et al.* Importância da anamnese para fisioterapia: revisão bibliográfica. *Revista Educação em Saúde*, v. 4, n. 1, p. 114-119, 2016.

CAPÍTULO 06

Avaliação do desenvolvimento infantil no contexto de intervenção precoce no autismo

A avaliação do desenvolvimento infantil abrange a observação e análise dos múltiplos aspectos da criança, a fim de compreender como ela se desenvolve em diferentes estágios da vida, identificando padrões típicos e atípicos. Neste capítulo, são explorados os principais instrumentos adotados na avaliação do desenvolvimento infantil, para se obter um olhar abrangente desde os primeiros anos de vida.

Coralina Matos

CORALINA MATOS

Graduada em Terapia Ocupacional, com especialização em Desenvolvimento Infantil, Intervenção Precoce no Autismo, Análise do Comportamento Aplicada ao Autismo. Com certificação Internacional em Integração Sensorial de Ayres (Clasi) e Formação no Modelo Denver de Intervenção Precoce no Autismo – ESDM (Mind Institute). Há 15 anos atua na área clínica, com avaliação e intervenção precoce na infância. É supervisora de intervenção comportamental naturalística, para famílias e profissionais no Brasil e em Portugal, onde também ministra cursos e palestras. Teve mais de 60 mil alunos na Semana Profissional de Intervenção Precoce no Autismo, evento gratuito/on-line. É diretora do Instituto Sertãozinho e CEO do IFCORA.

Contato: Instagram: @coralinamatos.to

Introdução

A avaliação do desenvolvimento infantil é um processo essencial na identificação precoce de atrasos e condições que possam impactar o bem-estar e o potencial de uma criança. No contexto da intervenção precoce no autismo, a avaliação detalhada assume importância ainda maior, servindo como base para a elaboração de intervenções individualizadas e eficazes. Este capítulo aborda a complexidade da avaliação do desenvolvimento infantil, enfatizando a detecção e compreensão do transtorno do espectro autista (TEA), e explorando métodos e instrumentos fundamentais neste processo.

O desenvolvimento infantil refere-se a uma série de mudanças que ocorrem em uma criança desde o nascimento até o início da idade adulta. Essas mudanças se manifestam em diversos domínios, incluindo:

1. **Desenvolvimento físico**: o desenvolvimento físico não se refere apenas ao crescimento corporal, mas também à maturação sensorial e ao aprimoramento das habilidades motoras. Durante os primeiros anos de vida, as crianças começam a adquirir coordenação motora grossa e fina, essenciais para outras áreas do desenvolvimento, como a capacidade de brincar, interagir e explorar o ambiente ao redor. No

TEA, muitas crianças podem apresentar atrasos no desenvolvimento motor, o que exige atenção especial dos profissionais que realizam a avaliação. Um exemplo comum é a dificuldade em alcançar marcos motores, como andar ou manipular objetos, o que pode ser um indicativo de uma necessidade de intervenção motora específica.

2. **Desenvolvimento cognitivo**: este domínio engloba a capacidade da criança de pensar, raciocinar e resolver problemas. O desenvolvimento cognitivo está diretamente relacionado à forma como a criança interage com o mundo e aprende a partir de suas experiências. No caso de crianças com TEA, podem ser observados padrões cognitivos distintos, como dificuldades em compreender conceitos abstratos ou resolver problemas de forma convencional. No entanto, algumas crianças autistas demonstram habilidades excepcionais em áreas como memória ou processamento de informações visuais, o que exige uma avaliação individualizada para identificar tanto desafios quanto potenciais talentos.
3. **Desenvolvimento emocional e social**: a habilidade de formar conexões emocionais, interagir socialmente e desenvolver empatia é uma parte central do desenvolvimento saudável. No TEA, a dificuldade em estabelecer essas conexões é um dos principais critérios diagnósticos. Muitas crianças com autismo podem ter dificuldades em interpretar expressões faciais, entender normas sociais e se engajar em brincadeiras simbólicas, o que pode afetar suas interações com pares e adultos. Durante a avaliação, é fundamental observar o comportamento social da criança em diferentes contextos, como em casa e na escola, para uma compreensão mais completa das suas necessidades.
4. **Desenvolvimento da linguagem**: a comunicação, tanto verbal quanto não verbal, é um componente central do desenvolvimento infantil. No TEA, o atraso no desenvolvimento da linguagem ou a presença de padrões de fala atípicos, como ecolalia, são comuns. A avaliação da linguagem deve ser detalhada e considerar tanto a compreensão quanto a expressão e suas diferentes formas, como verbal e não verbal. É importante que os profissionais estejam cientes de que a ausência de fala não significa necessariamente uma ausência de compreensão.

Esses domínios não se desenvolvem de forma isolada; em vez disso, interagem entre si, influenciando o crescimento geral da criança, por ser um processo complexo e multifacetado que envolve uma interação dinâmica entre fatores biológicos, sociais e ambientais. A avaliação do desenvolvimento torna-se ainda mais importante quando se considera a identificação precoce de condições como o TEA. A intervenção precoce tem mostrado resultados promissores na melhoria dos resultados para crianças com TEA, mas sua eficácia depende em grande parte de avaliações precisas e abrangentes realizadas o mais cedo possível.

A importância da avaliação precoce

A avaliação precoce é um dos pilares para intervenções eficazes no desenvolvimento infantil. Estudos indicam que intervenções iniciadas antes dos três anos de idade podem ter impacto significativo em áreas como cognição, socialização e linguagem. Esse impacto se dá pela neuroplasticidade do cérebro em desenvolvimento, que permite adaptações mais eficazes quando as intervenções são introduzidas nos primeiros anos de vida.

Para que a avaliação precoce seja eficaz, é necessário adotar uma abordagem abrangente, que vá além da análise isolada de sintomas e que considere a criança como um todo. Isso inclui também a dinâmica familiar, a interação com o ambiente escolar e as questões emocionais da criança, entre outros aspectos. Uma avaliação precoce eficaz permite identificar áreas de dificuldade antes que se tornem mais evidentes, facilitando intervenções oportunas e personalizadas.

Além disso, é importante destacar que a avaliação não deve ser um evento isolado, mas sim um processo contínuo ao longo do desenvolvimento da criança. A reavaliação periódica é necessária para mensurar o progresso e ajustar as intervenções conforme as necessidades da criança mudam.

A participação da família no processo de avaliação é fundamental. Pais e cuidadores oferecem perspectivas únicas sobre o comportamento da criança em diferentes contextos e suas preocupações específicas.

Observação qualitativa do desenvolvimento infantil

1. **Desenvolvimento social e comunicativo**: habilidades de interação social; comunicação verbal e não verbal; resposta às interações sociais.
2. **Desenvolvimento cognitivo**: resolução de pequenos problemas; habilidades de aprendizagem e memória; capacidade de seguir instruções.
3. **Desenvolvimento motor**: coordenação grossa e fina; equilíbrio e agilidade; força e destreza.

4. **Comportamento e ajustamento emocional**: regulação emocional; comportamentos repetitivos ou restritivos; reatividade sensorial.

Métodos de avaliação

A avaliação do desenvolvimento infantil, especialmente no contexto do autismo, pode envolver uma combinação de instrumentos padronizados, observações clínicas, relatos de familiares e entrevistas. Alguns dos métodos e ferramentas amplamente utilizados incluem:

1. **Entrevistas estruturadas**: provêm informações contextuais valiosas a partir das experiências diárias da criança. Conversas estruturadas com pais, cuidadores e professores podem oferecer informações complementares sobre o comportamento e o desenvolvimento da criança, como padrões de sono, alimentação e comportamentos emocionais.
2. **Questionários padronizados**: avaliam uma vasta gama de capacidades em crianças e são essenciais para um diagnóstico formal. Essas ferramentas proporcionam uma comparação com marcos de desenvolvimento típicos e ajudam a mapear áreas de atraso ou diferença no desenvolvimento. No entanto, é importante lembrar que os testes padronizados devem ser complementados por observações qualitativas. Fornecem uma análise quantitativa das habilidades do desenvolvimento e dos comportamentos em comparação com normas estabelecidas para a mesma faixa etária.
3. **Observações diretas**: a observação direta é qualitativa e permite que os observadores avaliem o comportamento em tempo real. Este método oferece insights valiosos sobre como as crianças interagem em ambientes naturais, seja na clínica, na casa ou na escola.

Instrumentos de avaliação

A seguir, são listados quatro dos principais instrumentos de avaliação global que podem e devem ser utilizados por **todos** os profissionais da área clínica infantil e da educação, pois têm como principal objetivo identificar as habilidades já adquiridas e generalizadas, aquelas em fase de aquisição parcial e as que ainda não foram desenvolvidas ou não tiveram oportunidade de serem trabalhadas.

Para cada instrumento, são apresentados o nome, a referência, a faixa etária para aplicação, os domínios abrangidos e as orientações para sua aplicação.

- **DENVER II – Teste de triagem do desenvolvimento (Frankenburg *et al.*, 2017).**
  Idade: do nascimento até seis anos de vida.
  Habilidades: pessoal-social; motricidade fina; linguagem; motricidade ampla.
  Total: 127 itens.
  Aplicação: por meio da aplicação e observação direta com a criança.

- **IDADI – Inventário dimensional de avaliação do desenvolvimento infantil (Silva *et al.*, 2019).**
  Idade: do nascimento até 72 meses de vida.
  Habilidades: cognitiva; motricidade (ampla e fina); comunicação e linguagem (receptiva e expressiva); socioemocional; comportamento adaptativo.
  Total: 524 itens.
  Aplicação: por meio do relato parental.

- **Bayley III – Escala Bayley do desenvolvimento infantil (Madaschi & Paula, 2018).**
  Idade: 15 a 42 meses de vida.
  Habilidades: cognitiva; motora grossa; motora fina; linguagem expressiva e receptiva.
  Total: 326 itens.
  Aplicação: por meio da aplicação e observação direta com a criança.

- **PORTAGE – Inventário portage operacionalizado (Williams & Aiello, 2001).**
  Idade: do nascimento até os 6 anos de vida.
  Habilidades: cognição; motricidade; linguagem; socialização; autocuidado.
  Total: 580 itens.
  Aplicação: por meio da aplicação e observação direta com a criança junto ao relato parental.

Desafios na avaliação do desenvolvimento infantil

Embora a avaliação do desenvolvimento infantil seja fundamental, ela não está isenta de desafios e pode impactar os processos de avaliação de várias maneiras:

- **Variedade cultural**: a interpretação do comportamento infantil pode variar em diferentes culturas. Um comportamento considerado normal em uma cultura pode ser visto como problemático em outra. Portanto, torna-se necessário considerar contextos culturais ao avaliar o desenvolvimento.
- **Fatores socioeconômicos**: o acesso a recursos educacionais e de saúde pode influenciar significativamente o desenvolvimento infantil. Avaliadores precisam estar conscientes de como diferenças socioeconômicas podem impactar nos resultados da avaliação e ajustar suas abordagens de acordo.
- **Subjetividade na observação**: observações diretas podem ser influenciadas por limitações, inexperiência e suposições do observador. A formação adequada e a utilização de instrumentos padronizados ajudam a minimizar essas influências.
- **Qualificação profissional**: a avaliação de crianças exige que os profissionais envolvidos possuam formação especializada e estejam familiarizados com os padrões típicos e atípicos do desenvolvimento. A experiência do avaliador é crucial para interpretar corretamente os dados e aplicar as intervenções mais adequadas. Um profissional bem qualificado é capaz de ajustar a abordagem da avaliação conforme as necessidades individuais da criança, garantindo que o processo seja adaptado à sua singularidade.
- **Trabalho interdisciplinar**: o profissional deve estar preparado para trabalhar em colaboração com uma equipe interdisciplinar. Essa abordagem colaborativa é fundamental para desenvolver um plano de intervenção abrangente e eficaz.

Conclusão

A avaliação do desenvolvimento infantil, quando realizada de forma precoce e eficaz, estabelece uma base sólida para intervenções que podem transformar a vida das crianças com TEA e de suas famílias. Profissionais treinados, abordagens inovadoras e um modelo de cuidados centrado na família são essenciais para identificar desafios e potencializar o desenvolvimento dessas crianças.

Compreender as especificidades de cada criança e capacitar as famílias com informações claras e precisas é fundamental para garantir que as intervenções promovam o máximo potencial de cada uma. Esse processo de avaliação deve ser colaborativo, envolvendo tanto profissionais quanto familiares, a fim de assegurar uma abordagem abrangente e eficiente no apoio às crianças com TEA.

Além disso, é necessário que políticas públicas garantam o acesso equitativo a avaliações e intervenções precoces, independentemente da condição socioeconômica. A formação contínua de profissionais da saúde e educação é essencial para melhorar as práticas de avaliação e proporcionar um atendimento de qualidade às crianças no espectro autista.

Referências

AIELLO, A. L. R.; WILLIAMS, L. C. A. The Operationalized Portage Inventory (OPI): systematic review. *Psicologia*: teoria e pesquisa, Brasília, v. 37, 2021. Disponível em: https://doi.org/10.1590/0102.3772e37545. Acesso em: 26 out. 2024.

BARROS, R. S. *et al.* Principais instrumentos para avaliação do desenvolvimento neuropsicomotor em crianças no Brasil. *Brazil Journal of Development*, v. 6, n. 8, 2020.

BRASIL. Ministério da Saúde. Secretaria de Atenção à Saúde. *Diretrizes de estimulação precoce*: crianças de zero a 3 anos com atraso no desenvolvimento neuropsicomotor. Brasília: Ministério da Saúde, 2016.

CUNHA, I. M. S.; ARAÚJO, J. B. Educação em foco: desafios e possibilidades. *In*: JORGE, R. S.; CUNHA, I. M. S.; SANTOS, R. B. O. (Org.). *O autismo no Brasil*: no processo histórico, inclusivo e terapêutico. Nova Xavantina-MT: Pantanal editora, 2021. Cap. III, p. 29-40.

DAWSON, G.; BERNIER, R. A developmental perspective on the emergence of autism spectrum disorders. *In*: TAGER-FLUSBERG, H. (Ed.). *Neurodevelopmental disorders*. MIT Press, 2013, p. 211-238.

LAMÔNICA, D. A. C.; FERREIRA-VASQUES, A. T. Escalas de desenvolvimento para avaliação de crianças. *In*: GIACHETI, Célia M. (Org.), *Marília*: oficina universitária. São Paulo: Cultura, 2016. Disponível em: https://ebooks.marilia.unesp.br/index.php/lab_editorial/catalog/download/90/2341/3925?inline=1. Acesso em: 27 out. 2024.

LORD, C.; CHARMAN, T.; HAVDAHL, A.; CARBONE, P.; ANAGNOSTOU, E.; BOYD, B.; OZONOFF, S. The lancet commission on the future of care and clinical research in autism. *The Lancet Neurology*, v. 19, n. 5, p. 389-430, 2018. Disponível em: https://doi.org/10.1016/S1474-4422(18)30024-2. Acesso em: 30 jan. 2025.

MELLO, A. M. S. R. de. *Autismo*: guia prático. 9. ed. Brasília: Corde, 2019.

ROGERS, S. J.; DAWSON, G. *Early start Denver model for young children with autism*: promoting language, learning, and engagement. The Guilford Press, 2010.

RODRIGUES, O. M. P. R. Escalas de desenvolvimento infantil e o uso com bebês. *Educar em revista*, v. 46, mar. 2012. Disponível em: https://doi.org/10.1590/S0104-40602012000100007. Acesso em: 27 out. 2024.

SANTOS, A. C. N. Convergência e avaliação do desenvolvimento infantil: um estudo de caso com os instrumentos Denver II e IDADI. *Cadernos de InterPesquisas*, v. 1, p. 8-29, 2023.

CAPÍTULO 07

Visitas domiciliares no autismo

Fortalecendo vínculos e potencializando o desenvolvimento

Este capítulo aborda um roteiro prático para visitas domiciliares na intervenção precoce no autismo, fornecendo dicas específicas para fortalecer laços entre profissionais, famílias e crianças. Essas orientações visam a uma abordagem eficaz e acolhedora, beneficiando o progresso e o bem-estar de todos.

Lara Oliveira Braga

LARA OLIVEIRA BRAGA

É uma profissional apaixonada pela busca por conhecimento e transformação. Este capítulo reflete sua trajetória pessoal e acadêmica na intervenção precoce no autismo e o seu compromisso com uma abordagem terapêutica centrada no bem-estar de toda a família. Com uma formação sólida em desenvolvimento infantil, é psicopedagoga, pedagoga e Supervisora ABA, acumulando anos de experiência prática em Análise do Comportamento aplicada ao autismo. Atualmente, aprofunda seus estudos no mestrado em Neurociências (Aaron University), no qual explora o funcionamento do cérebro, especialmente de pessoas autistas. Além de sua atuação profissional, que combina expertise técnica, sensibilidade humana e paixão pelo que faz, encontra inspiração em sua família, especialmente em sua sobrinha Ana Liz, uma menina autista cheia de luz e alegria, que transformou sua visão de mundo. Este capítulo reforça seu compromisso com a inclusão e a construção de um futuro com maior qualidade de vida para todos.

Contatos: laraoliveiraaba@gmail.com
Currículo Lattes: http://lattes.cnpq.br/0638669816587531
Instagram: @laraoliveiraaba

Práticas centradas na família, segundo a Division of Early Childhood of the Council for Exceptional Children (DEC-CEC), são reconhecidas como parte do grupo das práticas empiricamente comprovadas em intervenção precoce no autismo.

Considerar o núcleo familiar no centro do processo de intervenção e incentivar a sua participação ativa, como parte integrante da equipe multidisciplinar, é reconhecer o papel fundamental da família no desenvolvimento e bem-estar da criança autista, como um guarda-chuva que envolve integralmente ou como uma base que sustenta condutas e práticas relacionadas à intervenção precoce.

Segundo Dunst *et al.* (2010), a intervenção precoce consiste nas experiências diárias proporcionadas, ainda na primeira infância, pelos pais e outros prestadores de cuidados. Ela pode se dar nos mais diversos contextos em que a criança esteja inserida, com o objetivo de promover o seu desenvolvimento, por meio de aquisição e utilização de competências comportamentais diversas.

Para que haja a participação ativa do núcleo familiar, por meio das rotinas diárias, requer-se, por parte dos profissionais, o encorajamento das famílias no desenvolvimento de competências funcionais para atuarem como colaboradores da equipe multidisciplinar.

A visita domiciliar baseada em rotinas (da sigla em inglês RBHVs), conforme abordado por McWilliam (2010), apresenta-se como estratégia a ser utilizada para fortalecer a relação entre a família e a equipe de intervenção, visando observar a criança em seu ambiente natural, compreender as rotinas e atividades familiares diárias e identificar fortalezas e necessidades específicas da família.

Delineia-se, então, um roteiro prático para a realização de visitas domiciliares na intervenção precoce no autismo, composto por seis etapas:

1. Preparação.
2. Estabelecimento de rapport.
3. Entrevista com os pais.
4. Observação da criança e do ambiente.
5. Compartilhamento de informações e definição de metas.
6. Acompanhamento e avaliação contínua.

Na etapa 1, o profissional mediador de caso deve, antes da primeira visita domiciliar, reunir informações relevantes sobre a família e a criança. Isso inclui histórico médico da criança, terapias ou avaliações anteriores. Além disso, é importante familiarizar-se com recursos disponíveis na comunidade, como grupos de pais ou de apoio e preparar materiais específicos a serem utilizados durante a visita, como questionários ou instrumentos específicos de avaliação.

Na etapa 2, ao chegar na casa da família, é imprescindível que o mediador dedique um tempo para se conectar e conversar com a família, demonstrando empatia e respeito. McWilliam (2010) identifica três tipos de suporte que estarão na base das visitas domiciliares como apoio centrado na família: suporte emocional, material e informativo. Assumir essa postura positiva em relação à família, escutar atentamente preocupações, necessidades e objetivos para a intervenção, além de validar sentimentos ou emoções expressas por ela é oferecer o suporte emocional destacado pelo autor. Se necessário, realize perguntas abertas com o objetivo de iniciar um diálogo e incentivar o compartilhamento de preocupações e experiências vivenciadas pelos cuidadores. Em relação ao suporte material, destacam-se: prestar informações sobre possíveis recursos financeiros disponíveis, como programas de financiamento público ou assistência social e fornecer ou indicar materiais adequados para promover o desenvolvimento e a aprendizagem da criança, além de orientar sobre o uso deles. O terceiro tipo de suporte destacado pelo autor é o informativo, relacionado às informações relevantes e baseadas em evidências a serem fornecidas para a família, como, por exemplo, explicar o diagnóstico de autismo, assim como características e serviços disponíveis, informações sobre o desenvolvimento da criança, o que é esperado para cada idade e como a família pode colaborar com o desenvolvimento da criança. Destaca-se, portanto, que a intervenção precoce ocorre, de fato, não nas visitas do profissional mediador de caso, mas nas situações vivenciadas entre criança e família, entre as visitas do mediador.

Na etapa 3, a entrevista com os pais, utilize questionários estruturados ou semiestruturados, como, por exemplo, a Entrevista Baseada em Rotinas (EBR), conforme descrito por McWilliam (2010), visando avaliar e obter informações sobre rotinas familiares, participação e envolvimento da criança nas atividades diárias, interesses específicos, expectativas e prioridades dos pais em relação à intervenção. Outra possível ferramenta a ser utilizada durante as intervenções para mapear e explorar vínculos familiares e sociais, favorecer o melhor conhecimento da família, a qualidade das relações existentes e identificar recursos e serviços ao seu redor é o ecomapa (ver Figura 1). Pode ser produzido por meio de entrevistas, com a colaboração da família, e representado por meio de desenho ou diagrama.

Por exemplo: Joana, de dois anos, é filha de Maria e de Paulo. Dona Raimunda, mãe de Maria, é uma figura de suporte no dia a dia para a filha, ajudando nos cuidados com a neta. No entanto, apesar de ser rede de apoio para a filha, tem uma relação conturbada com ela, causando estresse, por descumprir os combinados acerca dos cuidados com a neta. Maria também tem uma irmã, Joaquina, que dá ocasionalmente algum suporte. Os seus sogros são indiferentes; no entanto, Maria tem uma amiga, Carla, que, quando solicitada, ajuda nos cuidados com Joana, seguindo sempre as orientações dadas.

Digamos que Maria iniciou o processo de desfralde da filha e precisa de sua rede de apoio no fim de semana, para participar de um evento. Dona Raimunda, Joaquina e Carla estarão disponíveis e se dispuseram a ficar com Joana, para ajudar Maria no evento. Levando em consideração o ecomapa (Figura 1), de quem viria o melhor suporte nesse momento? Compreendendo essas relações, a elaboração de estratégias para favorecer o processo de desfralde será diretamente impactada, em especial no fim de semana do evento de Maria.

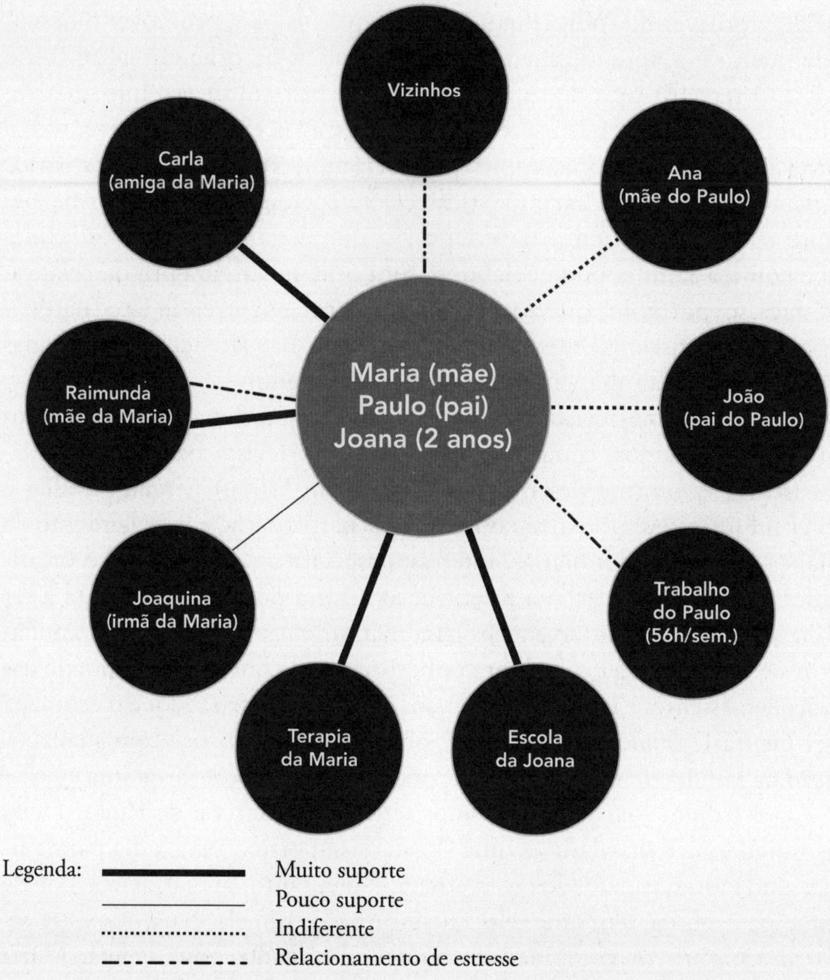

Figura 1. Ecomapa. Nota: imagem de arquivo pessoal, meramente ilustrativa. Os nomes são fictícios; qualquer semelhança com a realidade é mera coincidência.

A etapa 4, relacionada à observação da criança e do ambiente, ajudará o mediador a entender melhor o contexto em que a criança está inserida e verificar possíveis oportunidades ou desafios. Observe a organização do espaço, a acessibilidade de recursos de aprendizado e brinquedos, e identifique oportunidades para a promoção da comunicação e interação social na rotina da criança e possíveis barreiras para a aprendizagem, como inacessibilidade a brinquedos e recursos específicos, falta de oportunidades, ruídos ou distrações em excesso. Em relação às oportunidades para promover comunicação e interação social, observe, por exemplo, em quantas e quais situações a criança tem a chance de realizar pedidos, comunicar desejos, compartilhar ou trocar informações e interagir com familiares.

Na etapa 5, relacionada ao compartilhamento de informações e definição de metas, é papel do mediador explicar os resultados da avaliação de forma clara e acessível para os pais, destacar o potencial da criança e as áreas que podem necessitar de intervenção. É importante também solicitar um feedback dos responsáveis e responder às suas perguntas e preocupações, colaborando com o estabelecimento de metas funcionais e personalizadas, priorizando-as com base nas necessidades e inquietações identificadas durante a visita. É imprescindível que o mediador encoraje os pais a compartilharem suas próprias metas e expectativas para a criança.

A etapa 6 envolve o acompanhamento e a avaliação contínua por meio de visitas domiciliares regulares e avaliações para monitorar o progresso da criança em relação às metas estabelecidas. Utilize *checklists*, como, por exemplo, o Formulário dos Próximos Passos (NSF, na sigla em inglês), conforme explicado por McWilliam (2009). Escala de funcionalidade de meta III (McWilliam, 2009) e Matriz Metas versus Rotinas (McWilliam, 2016). Realize ajustes nas estratégias de intervenção, conforme necessário, com base nos resultados da avaliação e feedback dos responsáveis. Mantenha uma comunicação assertiva e contínua com os pais, a fim de garantir que a intervenção seja funcional e adequada às necessidades em constante evolução da criança.

Ao envolver a família como parceira no processo de intervenção e promover a colaboração entre os diversos profissionais da equipe multidisciplinar, é possível proporcionar um cuidado mais abrangente e personalizado, visando ao desenvolvimento, ao bem-estar e à qualidade de vida para a criança e para seu núcleo familiar. Os responsáveis se tornam, assim, parte ativa do processo de cuidado, enquanto os profissionais trabalham em conjunto para fornecer intervenções personalizadas e baseadas nas melhores evidências para o autismo.

Referências

DIVISION FOR EARLY CHILDHOOD. DEC Recommended Practices in Early Intervention/Early Childhood Special Education. *Division for Early Childhood (DEC)*, 2014. Disponível em: http://www.dec-sped.org/recommendedpractices. Acesso em: 30 out. 2024.

DUNST, C. J. Early intervention for infants and toddlers with developmental disabilities. *In*: ODOM, Samuel L.; HORNER, Robert H.; SNELL, Martha E.;

BLACHER, Jan B. (Eds.). *Handbook of developmental disabilities*. Nova York: Guilford, 2007, p. 161-180.

DUNST, C. J.; RAAB, M.; TRIVETTE, C.; SWANSON, J. Community-based everyday child learning opportunities. *In*: MCWILLIAM, Robin A. (Ed.). *Working with families of children with special needs*. Nova Iorque: Guilford, 2010, p. 60-81.

MCWILLIAM, R. A. *Protocol for the routines-based interview*. Chattanooga: Siskin Children's Institute, 2009. Disponível em: https://center.uoregon.edu/StartingStrong/uploads/STARTINGSTRONG2016/HANDOUTS/KEY_47811/Routines-BasedInterview_HomeVisiting.pdf. Acesso em: 30 out. 2024.

MCWILLIAM, R. A. *Routines-based early intervention*: strategies for supporting young children with disabilities. Baltimore: Paul H. Brookes, 2010.

MCWILLIAM, R. A. *Routines-based home visit checklist*. Tuscaloosa: University of Alabama, 2016. Disponível em: https://eieio.ua.edu/materials.html. Acesso em: 30 out. 2024.

MCWILLIAM, R. A.; CASEY, A. M.; SIMS, J. L. The routines-based interview: a method for gathering information and assessing needs. *Infants & Young Children*, v. 22, n. 3, p. 224-233, 2009. Disponível em: https://eric.ed.gov/?id=EJ884519. Acesso em: 30 out. 2024.

MCWILLIAM, R. A.; SCOTT, S. A support approach to early intervention: a three-part framework. *Infants & Young Children*, v. 13, n. 4, p. 55-66, 2001. Disponível em: https://www.researchgate.net/publication/232178912_A_Support_Approach_to_Early_Intervention_A_Three-Part_Framework. Acesso em: 30 out. 2024.

CAPÍTULO 08

Guia para visita escolar

Este capítulo destaca a importância da visita escolar pelo terapeuta infantil na promoção da inclusão e sensibilização da comunidade. Ao observar a interação do terapeuta com a criança, professores e colegas entendem melhor as necessidades de alunos com deficiências, e isso cria um ambiente acolhedor. A visita também envolve os pais no processo, favorecendo a comunicação e orientações práticas. Além disso, ressalta a necessidade de uma abordagem personalizada, adaptando intervenções conforme as necessidades da criança. O capítulo inclui perguntas norteadoras para ajudar terapeutas nas observações.

Sarah Porto
Com colaboração de Coralina Matos

SARAH PORTO

É graduada em Psicopedagogia, com especialização em Análise do Comportamento Aplicada (ABA) e Psicopedagogia baseada nessa abordagem. Atualmente, cursa pós-graduação em Neuropsicopedagogia e Desenvolvimento Infantil, com foco em intervenção precoce e ênfase em práticas centradas na família. Sua formação multidisciplinar reflete um compromisso com uma abordagem integrada e fundamentada na ciência para o desenvolvimento infantil. Acredita que a intervenção precoce, aliada a estratégias educacionais e terapêuticas eficazes, é essencial para promover o desenvolvimento pleno de cada criança.

Contatos: psicopedagogasarah@gmail.com
Instagram: @psicopedagogasarah

Visita escolar

A intervenção precoce é uma abordagem fundamental para ajudar crianças com atrasos no desenvolvimento ou diagnóstico de deficiências a alcançarem seu pleno potencial – disso todos nós já sabemos. Mais do que uma simples observação, trata-se de uma oportunidade de integrar a intervenção terapêutica ao ambiente escolar, onde a criança passa grande parte do tempo e onde se desenvolvem muitas habilidades sociais, acadêmicas e comportamentais.

Ao realizar uma visita escolar, o terapeuta tem a chance de observar a criança em seu ambiente natural, compreendendo como ela interage com colegas, professores e o próprio espaço físico da escola. Essa observação é vital para identificar não apenas as dificuldades, mas também os pontos fortes da criança, o que permite a elaboração de estratégias de intervenção mais personalizadas e eficazes. A personalização é fundamental, pois cada criança possui um conjunto único de necessidades e potencialidades, e a intervenção precoce deve ser adaptada para refletir essa individualidade.

Além disso, a presença do terapeuta clínico na escola facilita a colaboração entre professores, pais e outros profissionais que trabalham com a criança. A comunicação direta e a troca de informações entre essas partes são fundamentais para garantir uma abordagem coesa e consistente. O terapeuta pode fornecer orientação e treinamento aos professores, ajudando-os a implementar estratégias eficazes de ensino e manejo comportamental que, no geral, são as principais demandas nesse contexto. Tal colaboração fortalece a rede de apoio ao redor da criança e maximiza os efeitos positivos da intervenção, aprimorando e incentivando o seu prognóstico também a longo prazo.

A intervenção precoce visa identificar e atender às necessidades educativas o mais cedo possível. A presença de um terapeuta infantil na escola possibilita uma visão mais ampla e detalhada das dificuldades enfrentadas pela criança em seu ambiente natural de aprendizagem. E isso, no contexto clínico, é dificultado devido ao controle e estímulos presentes no ambiente. Ao observar diretamente o comportamento, as interações sociais e o desempenho acadêmico da criança, o terapeuta pode desenvolver estratégias de intervenção mais assertivas e funcionais para as demandas da criança.

Um aspecto muito importante da visita escolar é a observação direta do ambiente de aprendizagem. O terapeuta pode identificar fatores ambientais que contribuam para as dificuldades da criança, como barreiras físicas, falta de recursos adaptados ou interações negativas com colegas. A partir dessas observações, é possível propor modificações no ambiente escolar que facilitem a inclusão e o aprendizado da criança, como ajustes no ambiente físico da sala de aula, utilização de materiais específicos ou implementação de programas de treinamento social.

No entanto, a visita escolar do terapeuta infantil também apresenta desafios significativos. Um dos principais obstáculos é a coordenação e a logística da intervenção. A agenda do terapeuta e as atividades escolares precisam ser cuidadosamente sincronizadas para evitar interrupções no processo de ensino e garantir que a intervenção ocorra de maneira eficiente. Muitos profissionais se esquecem da importância desse acompanhamento externo da clínica e não possuem disponibilidade para a visita escolar. Isso compromete a qualidade da sua intervenção, pois os olhares educacional e familiar não substituem o olhar de um especialista. Por mais que a equipe escolar e a família façam relatos sobre o comportamento da criança, eles não possuem o olhar clínico como o dos terapeutas.

Outro grande desafio é a resistência inicial que alguns educadores ou administradores escolares podem apresentar. A introdução de um profissional externo no ambiente escolar requer uma mudança de paradigma e a aceitação de novas práticas, abordagens e condutas. O sucesso da integração depende da capacidade do terapeuta de construir relações de confiança e de demonstrar com agilidade o valor e os benefícios de sua intervenção. Da mesma forma que o terapeuta é especialista em desenvolvimento infantil, os professores são especialistas no ensino infantil. Ambas as atuações são importantes e, em conjunto, proporcionam uma tríade (família, terapia e escola) fortalecida no objetivo em comum: o desenvolvimento pleno da criança. Os desafios logísticos e a resistência inicial por parte da escola ou até mesmo da família são obstáculos reais.

No entanto, esses desafios devem ser vistos como parte do processo de construção de uma prática mais inclusiva e eficaz. A superação dessas barreiras depende de uma abordagem empática e informativa por parte do terapeuta, que deve atuar como facilitador e mediador entre os diferentes atores envolvidos. O diálogo aberto, a formação continuada da equipe escolar e a criação de parcerias sólidas são essenciais para garantir a implementação bem-sucedida dessa prática.

Além dos aspectos diretamente relacionados ao atendimento da criança, a visita escolar também pode atuar como meio de sensibilização da comunidade escolar sobre a importância da diversidade e da inclusão. Ao observar o trabalho do terapeuta com a criança, colegas e professores podem desenvolver uma compreensão mais profunda das necessidades daqueles com deficiências ou atrasos no desenvolvimento. Essa sensibilização é importante para a criação de uma cultura escolar mais acolhedora e inclusiva.

Outro ponto a ser considerado é o papel dos pais e responsáveis na intervenção precoce. A visita escolar do terapeuta infantil oferece uma oportunidade valiosa para envolver os pais no processo de aprendizagem e desenvolvimento de seus filhos. A comunicação regular entre o terapeuta e os pais permite que estes compreendam melhor as dificuldades e os progressos da criança, além de receberem orientações práticas para apoiar o desenvolvimento em casa. Fazer devolutivas orais ou por meio de relatório sobre a visita escolar é uma prática pouco observada entre os terapeutas infantis, e que infelizmente interfere na compreensão da equipe escolar e da família sobre as necessidades, dificuldades e habilidades da criança no referido contexto. Por isso, o ato de deixar orientações escritas para a equipe escolar e fazer a devolutiva para a família sobre o que foi observado e orientado no contexto escolar qualifica o trabalho do terapeuta e potencializa a sua intervenção. A parceria entre escola, família e terapeuta é fundamental para a eficácia da intervenção.

Por fim, é importante reconhecer que cada criança é única e que a intervenção precoce deve ser personalizada para atender às suas necessidades individuais. A visita escolar do terapeuta infantil permite uma abordagem altamente individualizada, em que estratégias e objetivos são adaptados conforme o progresso e as necessidades da criança. Essa personalização aumenta a eficácia da intervenção e garante que a criança receba o suporte necessário para seu desenvolvimento.

Em resumo, a visita escolar do terapeuta infantil na intervenção precoce é uma prática essencial e multifacetada que oferece inúmeros benefícios para a criança, a escola e a família. Ela promove um ambiente inclusivo, facilita a comunicação e colaboração entre todos os envolvidos, permite a observação e modificação do ambiente de aprendizagem e atua como forma de sensibilização da comunidade escolar. Apesar dos desafios logísticos e da resistência inicial, o impacto positivo dessa prática justifica seu investimento e implementação. A observação direta do terapeuta no ambiente escolar permite uma análise mais contextualizada das dificuldades e habilidades da criança. Tal análise possibilita a modificação e adaptação imediata do ambiente de aprendizagem, seja por meio da organização do espaço, do uso de materiais didáticos adaptados ou da introdução de estratégias de ensino diferenciadas. A capacidade de intervenção imediata e ajustável é uma das grandes vantagens da visita escolar, tornando-a uma ferramenta dinâmica e adaptativa.

Ao reconhecer as complexidades e os desafios que os terapeutas enfrentam durante a visita escolar, foi elaborado o e-book *Roteiro visita escolar*, como ferramenta prática e abrangente para apoiar profissionais na tarefa em questão. A visita escolar pode ser um momento repleto de nuances e detalhes a serem observados, e a ausência de um roteiro estruturado pode resultar em oportunidades perdidas para coletar informações valiosas que orientam a intervenção. O e-book foi desenvolvido com o propósito de preencher essa lacuna, oferecendo um guia sistemático sobre o que observar, como registrar e de que forma essas informações podem ser utilizadas para aprimorar o trabalho clínico.

O roteiro traz uma série de perguntas norteadoras que auxiliam o terapeuta a direcionar o olhar durante a visita. As questões foram cuidadosamente elaboradas para estimular uma observação crítica e detalhada, abrangendo aspectos como interações sociais, respostas ao ambiente escolar, comportamentos adaptativos e o impacto das estratégias de ensino utilizadas pela escola.

Lista de perguntas norteadoras para visita escolar

Comportamento

- Demonstra irritação com algo?
- Apresenta comportamentos inadequados com os colegas?
- A criança apresenta repertório de defesa (se protege, defende, protesta)?

Interações sociais

- A criança compreende a rotina da sala?
- Consegue transitar adequadamente nas mudanças de atividades? Compreende as regras do espaço?

- Participa das rodas de conversa/história/música?
- Consegue se manter sentada por tempo suficiente?

Comunicação

- Como a criança se comunica?
- Ela usa a comunicação verbal e/ou gestual?
- Ela consegue transmitir uma mensagem?
- Os colegas conseguem compreender o que a criança quer ou diz?
- É utilizada Comunicação Aumentativa Alternativa (CAA)?
- A equipe escolar consegue utilizar a CAA adequadamente?

Atividades pedagógicas

- A criança compreende o objetivo da atividade?
- Demonstra desinteresse ou interesse?
- Apresentou fuga durante a atividade?
- A criança conseguiu fazer a atividade sozinha ou necessitou de suporte? O suporte de que a criança precisou foi menor, maior ou igual ao das outras crianças da sala?

Independência pessoal

- A criança tem autonomia no mesmo nível dos pares?
- Consegue pegar os materiais solicitados pela professora?
- Cuida do seu material (não o quebra, não o joga no chão, não o joga no lixo)? Pega sua lancheira de maneira independente?
- Come sozinha?
- Qual é o nível de suporte, caso necessário, de que a criança precisa?

CAPÍTULO 09

Instrumentos para rastreamento e avaliação de TEA

Este capítulo apresenta os principais instrumentos utilizados para o rastreamento e a avaliação de transtorno do espectro autista (TEA), explicando sua importância e aplicabilidade. São abordadas ferramentas reconhecidas, como o M-CHAT, ICA, ADOS-2, Vineland-3, entre outros, com foco no uso apropriado por profissionais capacitados e a importância de uma abordagem multidisciplinar. A detecção precoce permite intervenções oportunas e mais eficazes, melhorando o prognóstico para crianças com TEA.

Fabio Coelho

FABIO COELHO

Psicólogo especialista em transtornos do espectro autista pela Universidade de Araraquara (2018), mestre na área da Educação (Unicarioca) e doutorando na área da Educação (Unicarioca). Possui especialização em Neuropsicologia (Unyleya, 2020), Análise do Comportamento Aplicada para autismo e deficiência intelectual (Centro Universitário Celso Lisboa, 2021). É sócio-diretor e professor da Academia do Autismo, sócio-diretor, supervisor clínico do Centro Mosaico (Rio de Janeiro), coordenador da pós-graduação em Terapia analítico-comportamental infantil do CBI of Miami/Celso Lisboa e professor da pós-graduação em Transtorno do Espectro Autista (FOCUS). Também é International Behavior Analyst (IBA)/Supervisor internacional em ABA certificado pelo International Behavior Analysis Organization® (IBAO). O IBAO (https://www.theibao.com/) é uma das principais reguladoras da análise do comportamento do mundo e tem como missão garantir práticas éticas, proteger os consumidores e manter padrões adequados no campo da ABA. Sobretudo, é pai do Guilherme e do Fernando, ambos diagnosticados no espectro autista.

Contato: https://lattes.cnpq.br/5224213314919712

Introdução

Segundo a Associação de Psiquiatria Americana (APA), o transtorno do espectro autista (TEA) é um transtorno do neurodesenvolvimento caracterizado por déficits persistentes na interação, comunicação social e presença de comportamentos e/ou interesses restritos e repetitivos (American Psychiatric Association, 2023). Ainda de acordo com a APA, os prejuízos e déficits associados ao TEA, embora dependam do nível do transtorno e comorbidades associadas, tendem a persistir ao longo da vida e ter repercussão em diversos contextos, como familiar, escolar e profissional. O diagnóstico correto abre portas para intervenções que podem melhorar significativamente a qualidade de vida e o desenvolvimento de pessoas autistas, por isso a importância de conhecer os instrumentos de avaliação e rastreio do TEA.

Principais instrumentos de rastreamento e avaliação

M-CHAT-R/F (Modified Checklist for Autism in Toddlers – Revised with Follow-Up)

O M-CHAT (Modified Checklist for Autism in Toddlers) é uma ferramenta de rastreamento amplamente utilizada para identificar sinais precoces de transtorno do espectro autista (TEA) em crianças pequenas, com idades entre 16 e 30 meses. O instrumento, composto por 23 questões objetivas respondidas pelos pais ou cuidadores com "sim" ou "não", foi desenvolvido para detectar comportamentos associados ao TEA em estágios iniciais, antes que se estabeleçam atrasos significativos no desenvolvimento social e comunicativo (Robins *et al.*, 2001). A versão revisada, com seguimento, permite uma análise mais precisa, reduzindo o número de falsos positivos e aumentando a especificidade do teste.

A aplicação é rápida e pode ser realizada por pais e cuidadores em ambientes clínicos ou escolares. Os resultados positivos indicam a necessidade de uma avaliação mais aprofundada.

ICA (Inventário de Comportamentos da Criança Autista)

O Inventário de Comportamentos da Criança Autista (ICA) é uma versão adaptada para o português do Autism Behavior Checklist (ABC), desenvolvido por Krug, Arick e Almond, em 1980. Esse instrumento tem como principal objetivo identificar comportamentos atípicos frequentemente observados em crianças com transtorno do espectro autista (TEA). O Inventário é composto por 57 itens que avaliam cinco domínios: Estímulo sensorial (ES), Relacionamento (RE), Uso do corpo e de objetos (CO), Linguagem (LG) e Postura social (PS).

Avaliação de Traços Autísticos (ATA)

A ATA é composta por 23 subescalas, que abrangem uma vasta gama de comportamentos e características observadas em crianças com TEA. Esses itens são avaliados com base na observação direta do comportamento da criança e em informações detalhadas fornecidas por pais, cuidadores ou professores. A escala foi projetada para ser aplicada a partir dos dois anos de idade, tornando-se uma ferramenta versátil para o uso em pré-escolares e crianças mais velhas. Além disso, a ATA é especialmente útil por ser capaz de diferenciar crianças com autismo daquelas com deficiência intelectual sem autismo, uma distinção que muitas vezes pode ser difícil de fazer em avaliações iniciais.

Questionário de Avaliação do Autismo (ASQ)

O ASQ foi traduzido e adaptado para o contexto brasileiro por Sato *et al.* (2009), ampliando sua acessibilidade e utilização em pesquisas e na prática clínica no Brasil. Assim como em outros países, o ASQ tem sido utilizado como uma ferramenta de triagem precoce para crianças em risco de TEA, ajudando a identificar sinais de alerta que justifiquem uma avaliação mais aprofundada. A aplicação do ASQ é simples, sendo feita por meio de um questionário preenchido pelos pais ou cuidadores, com base em comportamentos observados, e leva aproximadamente dez minutos para ser concluída.

A Escala de Responsividade Social – Segunda Edição (SRS-2)

A SRS-2 é um instrumento amplamente utilizado para o rastreamento de transtorno do espectro autista (TEA). Considerada um padrão-ouro em vários países e disponível em mais de 10 idiomas, a SRS-2 foi validada originalmente nos EUA por John Constantino e Christian Gruber em 2012 e adaptada ao contexto brasileiro pela pesquisadora Dra. Lisandra Borges em 2021. Composta por 65 itens em formato de escala Likert, a SRS-2 mede a gravidade dos sintomas associados ao TEA e é aplicável a crianças, adolescentes e adultos. O preenchimento da escala leva cerca de 20 minutos.

A SRS-2 possui quatro versões de formulários, cada uma adaptada à idade e às circunstâncias do respondente: pré-escolar (2 anos e meio a 4 anos), escolar (4 a 18 anos), adulto (a partir dos 18 anos) e adulto (autorrelato).

A SRS-2 não apenas identifica a presença de características de TEA, mas também avalia sua severidade. Isso é feito tanto de forma global, por meio da pontuação total, quanto de forma mais específica, por meio das subescalas, que estão alinhadas aos critérios do DSM-5 (*Manual diagnóstico e estatístico de transtornos mentais* – 5ª edição). A escala permite uma análise detalhada dos critérios A e B do DSM-5, que envolvem déficits na comunicação e interação social, além de comportamentos restritos e repetitivos.

Vineland-3 (escala de comportamento adaptativo)

A Vineland-3 é uma escala de avaliação das habilidades adaptativas de indivíduos com TEA, deficiência intelectual e outros transtornos do neurodesenvolvimento. Ela mede o nível de independência do indivíduo em atividades cotidianas e sua capacidade de se relacionar socialmente. A escala é composta por cinco domínios: comunicação, atividades de vida diária, socialização, habilidades motoras (facultativo) e comportamentos mal adaptados (facultativo).

A Vineland-3 pode ser administrada de várias formas, dependendo do contexto e das necessidades do paciente. Essa flexibilidade na administração permite que a Vineland-3 seja utilizada em diferentes contextos, desde avaliações clínicas e diagnósticas até pesquisas científicas e monitoramento de desenvolvimento em longo prazo.

A Vineland-3 pode ser aplicada em bebês, crianças, adolescentes, adultos e idosos, servindo tanto para o diagnóstico como para o acompanhamento de intervenções terapêuticas. Os resultados permitem que os profissionais planejem intervenções mais direcionadas, levando em consideração as áreas em que a pessoa tem mais dificuldades.

PROTEA-R (Protocolo de Avaliação Comportamental para Crianças com Suspeita de TEA – Revisado)

O PROTEA-R é uma ferramenta desenvolvida para o rastreamento de comportamentos típicos do TEA em crianças de 24 a 60 meses, especialmente aquelas que apresentam dificuldades de comunicação verbal. O protocolo é dividido em três partes principais: entrevista de anamnese, observação do comportamento da criança em situações semiestruturadas de brincadeiras e uma entrevista devolutiva com os pais.

Embora o PROTEA-R não ofereça um diagnóstico formal, ele é útil para identificar sinais de alerta que indicam a necessidade de uma avaliação mais aprofundada.

ADOS-2 (Autism Diagnostic Observation Schedule)

O Protocolo de Observação para Diagnóstico de Autismo (Autism Diagnostic Observation Schedule – ADOS) é um dos instrumentos de avaliação mais reconhecidos para o diagnóstico de transtorno do espectro autista (TEA), sendo considerado um padrão-ouro internacional. O ADOS foi desenvolvido por Lord e colaboradores em 1989 e tem como principal objetivo a avaliação de comunicação semiestruturada, interação social e jogos, além do uso imaginativo de materiais. A avaliação é realizada por meio da observação direta de comportamentos que são cruciais para o diagnóstico de TEA e outros transtornos invasivos do desenvolvimento (TID). Embora o ADOS seja amplamente utilizado, é importante destacar que ele deve ser aplicado como parte de uma avaliação mais ampla e não de forma isolada.

O ADOS consiste em um conjunto de atividades estruturadas que fornecem ao avaliador oportunidades para observar comportamentos relevantes para o diagnóstico de TEA. A grande vantagem do ADOS é que ele é aplicável em indivíduos de diferentes idades cronológicas e níveis de desenvolvimento. O protocolo é composto por cinco módulos (T, 1, 2, 3 e 4), que são adaptados ao nível de linguagem e idade do avaliado. Cada módulo tem duração média de 30 a 45 minutos, e apenas um módulo é administrado por vez, conforme o nível de desenvolvimento e as habilidades comunicativas do indivíduo. O examinador deve escolher o módulo que mais corresponde ao nível de linguagem e à idade do avaliado.

Embora o ADOS seja amplamente utilizado internacionalmente, sua aplicação no Brasil ainda é um desafio. O protocolo foi traduzido para o português por Pacífico & Becker (2019), que realizaram um estudo de tradução e retrotradução do instrumento. A adaptação incluiu etapas como a análise de equivalência semântica e a realização de um pré-teste para verificar a concordância entre especialistas. Os resultados preliminares indicaram uma boa equivalência entre a versão original e a versão traduzida, com confiabilidade interavaliadores adequada para 7 das 10 áreas avaliadas.

No entanto, a versão brasileira do ADOS ainda não foi validada oficialmente, e o protocolo não está registrado ou padronizado pelo Conselho Federal de Psicologia (CFP). A comercialização do ADOS em português no Brasil também é limitada, sendo possível adquirir apenas a versão em português de Portugal ou em espanhol.

ADI-R (Autism Diagnostic Interview – Revised)

O ADI-R é uma entrevista estruturada considerada um dos métodos mais confiáveis para o diagnóstico de TEA. Ela é composta por 93 perguntas, divididas em três áreas principais: interação social recíproca, comunicação e comportamentos restritos e repetitivos. A entrevista é realizada com os pais ou cuidadores e leva entre 1,5 a 2 horas para ser concluída.

O ADI-R fornece uma perspectiva detalhada sobre o comportamento da criança desde os primeiros anos de vida, ajudando os clínicos a identificarem as características principais do TEA. Sua alta sensibilidade o torna uma ferramenta complementar ao ADOS-2.

No Brasil, Becker (2009) foi pioneiro ao traduzir a ADI-R, cujo trabalho foi publicado em 2012. Contudo, a versão brasileira da entrevista ainda não foi padronizada ou aprovada pelo Conselho Federal de Psicologia. Mais recentemente, em 2020, Assunção Ataíde, Astrid Moura Vicente e outros pesquisadores realizaram uma nova tradução da ADI-R, que ainda aguarda validação oficial para uso clínico e pesquisa no Brasil. Embora o uso da ADI-R em sua versão traduzida esteja em fase de estudos preliminares, ela não está amplamente disponível para compra ou aplicação formal em território nacional.

Conclusão

O uso de instrumentos padronizados, como o M-CHAT-R/F, ADOS-2 e ADI-R, é essencial para o rastreamento e diagnóstico do TEA. Esses instrumentos fornecem uma base sólida para a identificação precoce de sinais de alerta, permitindo o encaminhamento para intervenções adequadas. Contudo, a avaliação multidisciplinar e o uso por profissionais capacitados são imprescindíveis para garantir que os resultados sejam interpretados corretamente e que o planejamento terapêutico seja adequado às necessidades individuais da criança.

Cada um dos instrumentos mencionados oferece uma contribuição valiosa para o diagnóstico de TEA, mas eles devem ser utilizados em conjunto com outras ferramentas e avaliações clínicas para obter uma compreensão holística do quadro clínico da criança. A detecção precoce e o uso adequado desses instrumentos permitem maximizar os benefícios das intervenções terapêuticas, promovendo um desenvolvimento mais favorável.

Referências

BALLABRIGA, A.; ULAY, R.; YEGROS, C. *Avaliação de traços autísticos*. São Paulo: Editora Casa do Psicólogo, 1994.

BECKER, M. M.; WAGNER, M. B. Tradução e adaptação da Autism Diagnostic Interview-Revised (ADI-R) para o português. *Revista Brasileira de Psiquiatria*, v. 34, n. 3, p. 293-297, 2012.

BORGES, L. M.; PAULA, C. S.; MERCADANTE, M. T. Adaptação e validação da Escala de Responsividade Social (SRS-2) no Brasil. *Revista Brasileira de Psiquiatria*, v. 43, n. 3, p. 263-271, 2021.

BOSA, C. A.; SALLES, J. F. Protocolo de avaliação comportamental para crianças com suspeita de TEA – Revisado (PROTEA-R). *Núcleo de Estudos e Pesquisas em Transtorno do Desenvolvimento (NIEPED)*, 2007.

KRUG, D. A.; ARICK, J. R.; ALMOND, P. Autism Behavior Checklist (ABC). *Autism Screening Instrument*. Portland, OR: ASIEP Education Corporation, 1980.

PACÍFICO, M. C. B.; BECKER, M. M. Tradução e adaptação cultural do Autism Diagnostic Observation Schedule (ADOS) para o português brasileiro. *Revista Brasileira de Psiquiatria*, v. 41, n. 3, 248-257, 2019.

ROBINS, D. L.; CASAGRANDE, K.; BARTON, M.; CHEN, C. A.; DUMONT-MATHIEU, T.; FEIN, D. Validation of the modified checklist for autism in toddlers, revised with follow-up (M-CHAT-R/F). *Pediatrics*, v. 133, n. 1, p. 37-45, 2014.

SATO, F. P.; PAULA, C. S.; LOWENTHAL, R.; MERCADANTE, M. T. Adaptação do social communication questionnaire para uso no Brasil. *Revista Brasileira de Psiquiatria*, v. 31, n. 4, p. 349-351, 2009.

SCHOPLER, E.; REICHLER, R. J.; RENNER, B. R. *The Childhood Autism Rating Scale (CARS)*. Los Angeles: Western Psychological Services, 1988.

SPARROW, S. S.; CICCHETTI, D. V.; SAULNIER, C. A. *Vineland Adaptive Behavior Scales, Third Edition (Vineland-3)*. Bloomington: Pearson, 2016.

CAPÍTULO 10

Observações e intervenções em terapia ocupacional

O capítulo aborda o olhar atento da terapia ocupacional nas intervenções voltadas para o desenvolvimento na intervenção precoce. Destaca-se a importância de identificar sinais de atraso no desenvolvimento, utilizando abordagens baseadas na intervenção específica, enfatizando a relevância de uma prática sensível e individualizada, que auxilia no desenvolvimento pleno. Combinando trabalho interdisciplinar, o capítulo reflete como a terapia ocupacional promove maior autonomia, gerando um impacto significativo no desempenho em seus diversos contextos.

Lígia Rolim

LÍGIA ROLIM

Terapeuta ocupacional, reflete em sua trajetória a sensibilidade e dedicação de sua profissão. Habilitada em conceito *Bobath* pediátrico, pós-graduada em Psicopedagogia e certificada em intervenção precoce naturalista, tem mais de dez anos de experiência no autismo. Atuou por quatro anos em hospital, desenvolvendo olhar clínico e técnicas para identificar sinais de risco no desenvolvimento infantil. Atualmente, como supervisora de desenvolvimento global, utiliza a terapia ocupacional para apoiar crianças e famílias, acreditando no impacto transformador de cada intervenção. Sua prática é guiada pelo brincar como principal ocupação da criança, apoiada por modelos como MOHO e integração sensorial. Combinando teoria e experiência, promove intervenções individualizadas que respeitam o ritmo e os interesses infantis, favorecendo engajamento significativo. A terapia ocupacional, para ela, transcende a prática clínica: é um compromisso com a autonomia, a qualidade de vida e o desenvolvimento humano.

Contatos: ligiaarolim2@gmail.com
Instagram: @ligia_rolimto
31 99232 0432

A imensa alegria de trazer contribuições através do olhar da terapia ocupacional para as práticas e intervenções do desenvolvimento global é algo que enriquece profundamente e é motivo de grande orgulho, transcendendo a esfera clínica. Contribuir para a formação de novos profissionais ao lado de referências é uma experiência especial, que ressoa não apenas na vida profissional, mas também no âmbito pessoal.

Atualmente, a terapia ocupacional é vista como uma das melhores escolhas já feitas. Durante a formação acadêmica, foi possível aprender não apenas sobre a prática terapêutica, mas também sobre a vida. Foram reconstruídas possibilidades, desenvolvida resiliência e sensibilidade, enfrentados desafios árduos, sempre mantendo a crença nas pessoas. São as pessoas que motivam a prática diária, e foi a terapia ocupacional que concedeu a oportunidade real de enxergá-las em sua totalidade, considerando sua complexidade e suas necessidades.

Dentro da prática em intervenção precoce, ao contrário do que se esperava inicialmente, a terapia ocupacional assumiu um papel de relevância ainda maior. Os estudos complementares ofereceram embasamento e capacitação para a atuação como supervisora, mas a base sólida e a experiência adquirida dentro da perspectiva da terapia ocupacional proporcionaram um olhar que faz toda a diferença na prática atual, especialmente no contexto do modelo naturalista de intervenção precoce.

A terapia ocupacional é uma profissão que vai além de uma carreira; é uma continuidade da vida, em que cada interação, observação e intervenção é uma oportunidade para promover a autonomia e a qualidade de vida dos indivíduos em suas atividades diárias. A importância de observações detalhadas e de intervenções adequadas não pode ser subestimada, pois são esses elementos que permitem alcançar os objetivos terapêuticos de maneira eficaz, proporcionando mudanças reais e duradouras na vida das pessoas.

A terapia ocupacional é fundamentada no conceito de ocupação humana, que envolve todas as atividades significativas que as pessoas realizam no dia a dia, incluindo autocuidado, trabalho, lazer e participação social. A ocupação é vista como um meio e um fim no processo terapêutico, no qual a prática da terapia ocupacional visa não apenas promover ou adquirir habilidades, mas também gerar o engajamento ativo e significativo nas ocupações que dão sentido à vida. Nada pode fazer mais sentido associado a outras abordagens e teorias estudadas e pesquisadas para implementação de uma boa prática em intervenção precoce.

Dentro da intervenção precoce, a ocupação humana se manifesta predominantemente por meio do brincar. O brincar é a principal ocupação das crianças, sendo essencial para seu desenvolvimento físico, cognitivo, emocional e social. É por meio do brincar que as crianças exploram o mundo, aprendem novas habilidades, experimentam diferentes papéis sociais e desenvolvem sua autonomia.

O Modelo de Ocupação Humana (MOHO), desenvolvido por Gary Kielhofner, é um dos principais referenciais teóricos da terapia ocupacional e enfatiza que a ocupação é motivada por fatores internos e externos, e é influenciada pelo ambiente em que o indivíduo está inserido. No contexto da intervenção precoce, tal abordagem ajuda a compreender como o brincar, enquanto ocupação, é moldado pelas capacidades da criança, pela estrutura do ambiente e pelas expectativas sociais.

Outro modelo teórico relevante é a abordagem de integração sensorial, de Jean Ayres, que sugere que o brincar é crucial para o desenvolvimento da organização sensorial, que é a base para muitas outras habilidades. Crianças que enfrentam dificuldades na integração sensorial podem apresentar desafios no brincar, e a terapia ocupacional utiliza intervenções específicas para ajudar a criança a processar e responder de forma mais eficaz aos estímulos sensoriais.

Além disso, o modelo centrado na criança defende que as intervenções devem ser baseadas nos interesses e nas motivações da própria criança. Na intervenção precoce, isso se traduz tanto em criar oportunidades que permitam à criança explorar quanto em validar a escolha e ideação da própria criança, e favorece que esta se envolva de forma significativa, respeitando suas preferências e seus ritmos individuais.

A clínica e a implementação

A clínica é soberana, mas já associaram a ciência? As abordagens em intervenção para crianças com transtorno do espectro autista (TEA) têm cada vez mais embasamento científico e protocolos de implementação; são eles que garantem uma prática eficaz e cada vez mais assertiva. E isso não é diferente (ou não deveria ser) na prática da terapia ocupacional dentro da intervenção com crianças pequenas.

A terapia ocupacional oferece a possibilidade de observar e avaliar diferentes perspectivas cruciais para o desenvolvimento pleno das crianças com TEA. A abordagem ocupacional se baseia em uma análise cuidadosa e detalhada das atividades cotidianas da criança, buscando identificar como ela interage com o mundo ao seu redor e quais são suas áreas de dificuldade e habilidade.

Pensando em um guia de base, essas seriam habilidades primordiais às quais o terapeuta ocupacional tem capacidade de avaliar e intervir:

- **Habilidades motoras grossas e finas**: coordenação, força, equilíbrio e organização motora para realização de atividades diárias como se vestir, escrever e brincar.
  Observações para encaminhamento: se a criança apresenta atrasos notáveis na aquisição de habilidades motoras esperadas para a idade, como dificuldades em manipular pequenos objetos, engatinhar, caminhar ou realizar tarefas que exijam coordenação entre olho e mão, como desenhar ou montar blocos, entre outros.

- **Integração sensorial**: avalia como a criança processa e responde a diferentes estímulos sensoriais, como sons, toques, movimentos e cheiros, e como essas respostas afetam seu comportamento e participação em atividades.
  Observações para encaminhamento: se a criança apresenta reações exageradas ou inconsistentes a estímulos sensoriais do cotidiano, como ficar extremamente incomodada em ambientes barulhentos ou, ao contrário, parecer não responder a estímulos que normalmente provocariam uma reação, como dor ou calor, além de reações exacerbadas com texturas, seletividade alimentar, entre outros.

- **Desenvolvimento cognitivo**: áreas como atenção, memória, solução de problemas e planejamento podem ser avaliadas e são fundamentais para o aprendizado e a participação em atividades complexas.
Observações para encaminhamento: se a criança apresenta dificuldades persistentes em iniciar ou completar tarefas, se distrai facilmente, não consegue seguir sequências de instruções simples ou mostra incapacidade de planejar e organizar atividades diárias adequadas para sua idade.

- **Habilidades de vida diária e prática (AVDs – AVPs)**: refere-se à capacidade da criança de realizar atividades de vida diária, como se alimentar, se vestir e cuidar da higiene pessoal, assim como tarefas domésticas, organização pessoal e participação em atividades comunitárias, com foco em independência e autonomia.
Observações para encaminhamento: se a criança tem dificuldade em aprender e realizar atividades diárias adequadas para sua idade, como usar talheres, vestir roupas sem assistência ou manter hábitos de higiene pessoal, mesmo com suporte e instrução, e também dificuldades em permanecer e se organizar em novos ambientes, entre outros.

- **Brincar**: avalia a forma como a criança brinca, incluindo o uso de habilidades motoras, cognitivas e sociais, além do uso do brincar como ferramenta de desenvolvimento.
Observações para encaminhamento: se a criança raramente inicia brincadeiras, prefere atividades repetitivas em vez de brincar de forma criativa ou tem dificuldade em se engajar em brincadeiras interativas com outras crianças ou adultos, não explora novas formas de brincar ou utiliza os brinquedos de forma que não condiz com suas funções esperadas.

A observação clínica dos sinais para encaminhamento gera possibilidades que auxiliam na capacidade plena do indivíduo, que terá um olhar cuidadoso em sutilezas associadas ao desenvolvimento de habilidades cruciais.

A diferença no olhar

O olhar atento e especializado da terapia ocupacional nos conduz a perceber nuances que ultrapassam o que é visível em práticas intensivas ou no desenvolvimento global. Essa atenção aos detalhes é essencial para identificar aspectos sutis que orientam a intervenção terapêutica de forma mais precisa e eficaz. Todo comportamento e toda tarefa realizados por uma criança são diretamente influenciados pela integração sensorial, e é justamente na compreensão e análise dessa integração que conseguimos otimizar a execução das atividades.

A análise detalhada de tarefas, focando na independência e autonomia junto à possibilidade de redução do custo de resposta das tarefas ou permanência no meio, permite que a criança adquira habilidades de forma mais eficiente e consistente.

Esse olhar clínico tem me permitido auxiliar no desenvolvimento de crianças em diversos contextos dentro da intervenção intensiva, como supervisora em desenvolvimento global. Com isso, não apenas se valorizam os treinos necessários, mas também se auxilia o indivíduo a processar de forma adequada os estímulos sensoriais, melhorando o desenvolvimento motor, a regulação emocional, a atenção e concentração, possibilitando adaptação no contexto de aprendizagem e no contexto de vida do indivíduo. Isso gera um impacto significativo no desempenho funcional, ampliando a capacidade da criança de forma integrada e harmoniosa, possibilitando, assim, maior independência e capacidade de aprendizado.

O trabalho conjunto e interdisciplinar, alinhado às práticas intensivas, garante que cada criança receba o suporte necessário para desenvolver-se plenamente, em todos os contextos. Dessa forma, promover a disseminação desse conhecimento enriquece o processo de intervenção, consolidando resultados significativos e duradouros.

CAPÍTULO 11

Observações e intervenção da fonoaudiologia

O desenvolvimento da linguagem em crianças autistas está intrinsecamente ligado às dificuldades na fala e na comunicação, características frequentes nesse grupo. Aqui, apresento práticas clínicas, como avaliação comunicativa, promoção de habilidades pré-linguísticas, funções comunicativas e uso de Comunicação Alternativa e Aumentativa (CAA), além de enfatizar o envolvimento familiar e uma abordagem multimodal.

Nilzete Correia

NILZETE CORREIA

Fonoaudióloga especializada no desenvolvimento infantil e intervenção precoce. Natural da Bahia; já morou em Minas Gerais, Pernambuco e São Paulo. Formou-se em Fonoaudiologia pela Faculdade Integrada do Recife (FIR), em 2004, e iniciou sua carreira no interior de São Paulo, onde trabalhou com crianças na equoterapia. Em 2010, especializou-se em funções da face pela USP e, dois anos depois, começou a atuar no Vale do São Francisco, abrangendo Juazeiro-BA e Petrolina-PE. Após uma atuação generalista, direcionou-se para o desenvolvimento infantil a partir de 2014. Fundadora do 222 Sertãozinho Espaço Terapêutico, hoje referência em intervenção precoce, Nilzete é também supervisora fonoaudiológica e oferece treinamentos voltados para o ensino da comunicação e da linguagem na primeira infância, com ênfase na Comunicação Alternativa e Aumentativa (CAA).

Contatos: Instagram: @nilzetecorreia
@institutosertaozinho.222

1. Introdução ao desenvolvimento da linguagem e autismo

Trabalhar com crianças que enfrentam dificuldades na fala é desafiador, especialmente para profissionais que se deparam com essas situações no início de suas carreiras. O processo de avaliar uma criança, lidar com a angústia dos pais e fornecer orientações adequadas exige preparo e sensibilidade. Eu mesma passei por essa jornada e busco continuamente aprimorar meus conhecimentos e habilidades para melhor atender essas crianças.

Este capítulo busca compartilhar práticas e conceitos fundamentais sobre como o desenvolvimento da linguagem no transtorno do espectro autista (TEA) afeta esse processo e as estratégias práticas para promover a comunicação em crianças que não falam. A comunicação vai muito além da fala, e compreender como lidar com essas situações permitirá que você, como profissional, faça a diferença na vida dessas crianças e suas famílias.

1.1. O desenvolvimento típico da linguagem

O desenvolvimento da linguagem é um processo dinâmico e ocorre desde os primeiros meses de vida, com crianças demonstrando formas de comunicação antes mesmo de falarem as primeiras palavras. O percurso é, em geral, previsível, mas apresenta variações individuais. Vamos explorar os principais marcos no desenvolvimento típico da linguagem.

- **Primeiros meses**: a comunicação é predominantemente não verbal. Bebês se expressam por meio de balbucios, sorrisos e movimentos corporais que refletem desejos e necessidades. Nessa fase, há uma evolução do choro reflexivo para o balbucio intencional.
- **6 a 12 meses**: surge o balbucio intencionado, muitas vezes repetitivo, como "baba" ou "dada". As crianças começam a identificar e responder ao próprio nome e desenvolvem a habilidade de apontar, um marco importante na comunicação pré-verbal.
- **12 a 24 meses**: as primeiras palavras começam a surgir. O vocabulário cresce rapidamente, e a criança inicia a combinação de palavras simples. A compreensão da linguagem, nesta fase, é significativamente maior que a produção verbal.
- **24 a 36 meses**: a criança combina palavras em frases curtas, desenvolvendo uma gramática rudimentar. A comunicação verbal torna-se o principal meio de expressão e as habilidades sociais e de interação começam a se consolidar.

Esses marcos refletem o desenvolvimento típico da linguagem, mas é importante lembrar que cada criança pode apresentar ritmos diferentes.

1.2. O impacto do autismo na aquisição da linguagem

O transtorno do espectro autista (TEA) afeta o desenvolvimento da linguagem de maneira significativa, já que a comunicação está diretamente ligada à capacidade de interação social. Crianças autistas enfrentam desafios específicos no que diz respeito à aquisição da linguagem e à comunicação, o que exige uma abordagem diferenciada por parte do profissional.

As principais dificuldades associadas ao TEA incluem:

- **Atraso no desenvolvimento da fala**: algumas crianças podem não desenvolver a fala no tempo esperado. Podem balbuciar menos que o esperado ou emitir sons sem contexto ou propósito, como na ecolalia.
- **Dificuldades na comunicação não verbal**: crianças autistas muitas vezes não utilizam gestos, expressões faciais ou contato visual de forma eficiente. Isso compromete o desenvolvimento da linguagem, já que a comunicação não verbal é um precursor fundamental para a fala.
- **Déficits na atenção compartilhada**: a habilidade de compartilhar o foco de atenção com outra pessoa, essencial para a aprendizagem

da linguagem, é geralmente subdesenvolvida no TEA. Sem essa habilidade, o aprendizado de novos conceitos e palavras é prejudicado.

- **Uso incomum da linguagem**: algumas crianças no espectro podem falar, mas utilizar a linguagem de forma rígida ou repetitiva, sem a intenção de se comunicar. A ecolalia pode, nesses casos, ser uma tentativa de regulação sensorial ou uma estratégia para se comunicar em momentos de dificuldade.

1.3. Teorias sobre o desenvolvimento da linguagem no autismo

Diversas teorias buscam explicar por que o desenvolvimento da linguagem segue caminhos distintos no autismo.

- **Teoria da mente**: sugere que crianças autistas enfrentam dificuldades para entender que outras pessoas possuem pensamentos, sentimentos e intenções diferentes dos seus. Como a linguagem é uma ferramenta social, essa dificuldade pode interferir diretamente no seu uso. Essas crianças podem não ver a necessidade de compartilhar pensamentos ou entender o propósito de conversas rotineiras.
- **Teoria da coerência central**: propõe que indivíduos autistas tendem a focar nos detalhes, em vez de perceber o todo. Essa visão fragmentada pode prejudicar a compreensão da linguagem, já que o contexto geral de uma situação é essencial para entender as nuances e os significados das palavras.
- **Teoria do déficit na função executiva**: as habilidades de planejamento, controle e flexibilidade cognitiva, muitas vezes afetadas no autismo, também são fundamentais para o uso adaptativo da linguagem. A linguagem requer não apenas o aprendizado de palavras, mas também a capacidade de utilizá-las de maneira flexível e apropriada em diferentes contextos sociais.

2. Práticas clínicas: o que fazer quando a criança não fala

Quando uma criança não desenvolve a fala dentro do esperado, o profissional deve adotar uma abordagem individualizada, focada em promover outras formas de comunicação. Aqui estão práticas recomendadas para trabalhar com crianças que não falam, especialmente no contexto do autismo.

2.1. Avaliação inicial: uma visão global da comunicação

A primeira etapa no processo de intervenção é realizar uma avaliação minuciosa das habilidades comunicativas da criança, tanto verbais quanto não verbais. Isso inclui:

- **Anamnese com os pais/cuidadores**: a percepção dos pais é essencial para entender como a criança se comunica em diferentes ambientes. Pergunte como ela expressa suas necessidades, interage com outras pessoas, se tem interesse por livros, como é sua alimentação e mastigação, além dos hábitos de sono e atividades motoras. Esses dados são valiosos para criar um panorama completo do comportamento da criança.
- **Observação de comportamentos espontâneos**: o profissional deve observar a criança em diversos contextos, como brincadeiras livres e interações com a família, identificando padrões de comunicação não verbal, como gestos, olhares e expressões faciais. Esse tipo de avaliação também pode incluir visitas domiciliares e escolares, quando possível.
- **Protocolos**: ferramentas de avaliação ajudam a mapear as habilidades pré-linguísticas da criança, como contato visual, atenção compartilhada e uso de gestos. Esses instrumentos são úteis, mas o raciocínio clínico é fundamental, considerando que cada criança possui um perfil único.

2.2. Matriz da comunicação

É uma ferramenta para mapear e monitorar o desenvolvimento das habilidades comunicativas em crianças, especialmente na intervenção precoce, e que pode ser aplicada por todos os profissionais da saúde e da educação. Ela permite identificar como a criança utiliza diferentes formas de comunicação – como gestos, expressões faciais, vocalizações e CAA – e compreender as funções comunicativas já dominadas como pedir, recusar ou compartilhar. Seu uso possibilita ajustes precisos na intervenção, garantindo que o progresso da criança seja acompanhado de forma personalizada e eficiente.

2.3. Promovendo habilidades pré-linguísticas: o alicerce da comunicação

Antes que a fala se desenvolva, é fundamental trabalhar habilidades pré-linguísticas que costumam estar comprometidas.

- **Atenção compartilhada**: criar situações que incentivem a criança a compartilhar o foco de atenção, como mostrar brinquedos.
- **Imitação**: imitar os sons e os gestos da criança e, depois, modelar comportamentos que ela possa repetir.
- **Troca de turnos**: incentivar a prática de troca de turnos em jogos simples, como passar uma bola, estabelecendo uma base para a troca comunicativa.

2.4. Explorando as funções da comunicação: indo além do falar

As funções comunicativas referem-se ao propósito ou à intenção por trás da comunicação. São as razões pelas quais uma criança (ou qualquer pessoa) se comunica, por meio de palavras, gestos ou outras formas. Algumas funções comunicativas incluem:

- **Pedir**: usar a comunicação para solicitar algo.
- **Protestar**: demonstrar rejeição ou desaprovação.
- **Compartilhar emoções**: comunicar alegria, tristeza ou frustração.
- **Chamar a atenção**: fazer algo para que outra pessoa preste atenção.
- **Comentar**: expressar algo sobre o ambiente ou a situação.

2.5. Estimulando o uso de gestos e comunicação alternativa

Quando a fala não surge de imediato, o uso de gestos e de Comunicação Alternativa e Aumentativa (CAA) são estratégias valiosas para garantir que a criança consiga se expressar.

- **Gestos**: ensinar gestos simples, como "dá", "tchau" e "não", pode ser uma forma eficiente de iniciar a comunicação. O profissional deve modelar esses gestos de maneira repetida e associá-los diretamente às situações cotidianas.
- **CAA**: o uso da comunicação alternativa não atrapalha o desenvolvimento da fala; ao contrário, pode promover a fala, além de reduzir a frustração, incentivando a comunicação para protestar, solicitar, comentar e perguntar.

2.6. Evitar o foco exclusivo na fala

Focar apenas no desenvolvimento da fala sem considerar outros aspectos da comunicação é um erro comum, que pode gerar frustração tanto para o profissional quanto para a família e a criança.

- **Comunicação multimodal**: refere-se ao uso de múltiplos canais de comunicação, como gestos, expressões faciais, escrita e dispositivos de comunicação alternativa. O profissional deve valorizar todas as formas de comunicação, entendendo que gestos e outros meios podem ser fundamentais para o desenvolvimento da fala.

2.7. Colaboração com a família: envolvimento dos pais na intervenção

O envolvimento da família é fundamental para o sucesso da intervenção, já que os pais são os principais agentes de comunicação fora do ambiente clínico. É essencial que eles pratiquem as estratégias aprendidas durante as rotinas diárias.

- **Treinamento dos pais**: orientar os familiares sobre como usar reforços positivos, como elogios verbais ("Jogou!", "Abriu!"). Isso aumenta a eficácia da intervenção comunicativa.
- **Continuidade entre os contextos**: as estratégias de intervenção não devem ficar restritas ao ambiente clínico. Os pais devem ser incentivados a ensinar a comunicação em casa, no parque ou outros ambientes, promovendo a generalização das habilidades de comunicação.

3. Exemplo prático: caso clínico

Segue um exemplo prático de como trabalhar o desenvolvimento da comunicação e da linguagem com uma criança que não fala.

J. M. S., 2 anos e 6 meses

A família de J. M. S. relatou um atraso na fala. Durante a avaliação, observou-se que o menino apresentava repertório limitado de comunicação, não respondia aos estímulos visuais e auditivos, e demonstrava pouca interação social.

Sugestões práticas:

- **Pedido de objetos**: coloque brinquedos fora de alcance, mas à vista da criança. Quando ela demonstrar interesse, modele o gesto de solicitação com a mão e verbalize "Dá".
- **Pedido de ação**: ao entregar um pote para a criança abrir, modele o gesto de abrir e diga "Vou abrir", incentivando a imitação.
- **Protesto**: quando a criança se frustrar, verbalize "Não quer? Não!" enquanto balança a cabeça negativamente. A repetição pode ajudar a criança a aprender o gesto.
- **Pedido de informação**: apresente brinquedos novos e modele o gesto de apontar, incentivando a criança a pedir informações sobre o objeto.
- **Exploração e jogo**: ofereça brinquedos simples que permitem à criança explorar e manipular objetos de diferentes formas. Demonstre as ações e verbalize: "Pegou!", "Girou!" ou "Jogou!" Incentive a criança a imitar suas ações e nomear os objetos ou ações à medida que ela explora.
- **Nomeação de ações e objetos**: use a Comunicação Alternativa e Aumentativa (CAA) associada a imagens de objetos e ações familiares. Quando a criança demonstrar interesse, apresente a imagem correspondente e modele a palavra, como "bola", "brincar" ou "abrir". A repetição dessas associações promove o desenvolvimento da nomeação.
- **Jogo compartilhado**: encoraje a troca de turnos durante o jogo, verbalizando "minha vez" e "sua vez", promovendo a estrutura básica do diálogo.

4. Conclusão

Trabalhar com crianças que não falam requer uma abordagem diversificada, que vai além da fala verbal. O foco deve estar em todas as formas de comunicação, incluindo gestos, expressões e o uso de Comunicação Alternativa e Aumentativa (CAA), além de promover o desenvolvimento de habilidades pré-linguísticas essenciais.

O papel do profissional é valorizar cada tentativa de comunicação e seguir o ritmo da criança, criando oportunidades para que ela participe ativamente do processo. A comunicação não se limita à fala; com o uso de estratégias como modelagem de linguagem, repetição em contextos naturais e CAA, pode-se fornecer ferramentas que ampliam o repertório comunicativo, melhorando a qualidade de vida e o desenvolvimento social da criança.

CAPÍTULO 12

Observações e contribuições da psicologia na intervenção precoce no autismo

O trabalho do psicólogo é amplo e diverso, variando conforme as etapas da vida, as demandas de nível de suporte e as necessidades do paciente. É um dos profissionais que tendem a permanecer mais tempo na vida da pessoa diagnosticada com transtorno do espectro autista (TEA), visando sempre à qualidade de vida conforme as individualidades. Este capítulo aborda as opções de abordagens e programas de intervenção voltados para o psicólogo, mas, antes de mais nada, nos lembra de que estamos em contato com um humano.

Amliz Ferreira Lopes

AMLIZ FERREIRA LOPES

Graduada em Psicologia pela Universidade de Pernambuco (UPE), em 2014. Especialista em Neuropsicologia pelo Instituto de Neuropsicologia Aplicada (INAP), em 2016, titulada pelo Conselho Federal de Psicologia (CFP). Especialista em Psicoterapia Cognitivo-Comportamental pelo Grupo Cognitivo (2020). Possui experiência na área de psicoterapia (todos os públicos), avaliação neuropsicológica (todos os públicos), docência, área social, supervisão e palestras. Atua na área infantojuvenil com psicoterapia e avaliação neuropsicológica.

Contatos: amlizlopes@gmail.com
Instagram: @neuropsiliz

Sentir com inteligência, pensar com emoção.
"Esportes radicais" (Humberto Gessinger)

A esta altura do campeonato, você já deve ter uma ideia do que é o transtorno do espectro autista (TEA), seja por estar lendo este livro em ordem, seja por ser humano e perceber o quanto isso vem sendo discutido na sociedade nos últimos anos.

Em uma definição breve, atual e científica, o autismo é classificado como um transtorno do neurodesenvolvimento, o que significa que é uma condição que perdura por toda a vida e se manifesta desde o nascimento. As compreensões e definições sobre o autismo mudaram ao longo da história dos transtornos mentais e, naturalmente, continuarão a evoluir com novos estudos e avanços da ciência.

Definimos o autismo, principalmente, como um diagnóstico que se caracteriza pela alteração na comunicação e na cognição social, podendo incluir estereotipias, alterações sensoriais e padrões rígidos e restritos de comportamento. Essas características variam de acordo com cada caso, demandando diferentes níveis de suporte.

É importante lembrar que, além de um diagnóstico, estamos lidando com um indivíduo único, e cada pessoa tem suas demandas específicas. Ter isso em mente, em especial durante as intervenções, já muda de maneira significativa o processo terapêutico. Um bom terapeuta que trabalha com demandas do neurodesenvolvimento precisa não apenas de conhecimentos técnicos, mas também de flexibilidade mental e criatividade para adaptar intervenções e estar aberto a novas compreensões.

Cada pessoa é única.

Psicologia e intervenções

O psicólogo é uma parte no quebra-cabeça das intervenções. Seu papel envolve o refinamento da conversação, o desenvolvimento e a mediação de habilidades sociais mais assertivas e ajustadas conforme os ambientes, dentro de uma intervenção que incentiva a flexibilidade cognitiva (neuroplasticidade – neurônios fazendo novas conexões) e a generalização de comportamentos (fixando novos repertórios para resolução de problemas).

O psicólogo atua não apenas no reconhecimento das emoções em si e nos outros, mas também em demandas mais complexas de interações humanas que, para cérebros com funcionamento atípico, tendem a ser mais desafiadoras de compreender. Tais demandas envolvem a competência da cognição social (empatia, reconhecimento de emoções, teoria da mente, processamento de pistas sociais), impactando diretamente nas relações sociais, na regulação emocional (gerenciamento das emoções) e na resolução de conflitos sociais ou novas demandas que surgem ao longo do desenvolvimento.

Essas intervenções requerem que o cérebro crie esquemas de ação, ou seja, novas conexões neurais precisam ser desenvolvidas para lidar com as demandas que surgem ao longo da vida, em um processo contínuo de aprendizagem e modulação comportamental.

Considerando os critérios do grupo B descritos no atual Manual de Transtornos Mentais, *DSM-5-TR* (APA, 2023), observamos a presença de hiperfocos associados a uma rigidez cognitiva. Nas intervenções, busca-se ampliar e diversificar os repertórios de interesse, com o objetivo de aumentar a tolerância à frustração, melhorar a socialização e a aquisição de novos conhecimentos. Esse sintoma é trabalhado por todo o desenvolvimento, desde brincadeiras criativas até interações sociais variadas, tornando o cérebro mais dinâmico.

As estereotipias e demandas sensoriais exigem competências de controle inibitório e tolerância, que são trabalhadas com profissionais da equipe, incluindo os terapeutas ocupacionais, que equilibram essas demandas com as necessidades emocionais.

O objetivo de habilitar esse cérebro para as demandas da sociedade não deve se estruturar apenas na padronização de ideais de normalidade, mas sim em fornecer qualidade de vida. Ao investirmos no desenvolvimento das limitações apresentadas por cérebros com desenvolvimento atípico, possibilitamos uma vida com maior qualidade, participação mais ativa e sobrevivência no mundo. Afinal, parafraseando as compreensões de Darwin em 1859, não é o mais forte ou mais inteligente que sobrevive, mas o que melhor se adapta.

Obviamente, essas intervenções e metas terapêuticas se relacionam com o nível de suporte que a pessoa diagnosticada com TEA necessita, classificado conforme sua funcionalidade (o quanto de ajuda ela precisa para adaptar-se às demandas da sociedade atual). Torná-los mais funcionais é incentivar a autonomia para que possam se autogerir, aspecto frequentemente considerado por pais de crianças com autismo: "Como será a vida do meu filho quando eu me for?". Esse é o trabalho da equipe: habilitá-los de acordo com as especificidades de cada caso. Não estamos falando de cura, mas de um caminho mais saudável para pessoas com TEA e suas famílias.

Assim, de forma simplificada, o papel do psicólogo na vida de uma pessoa com autismo é o de proporcionar qualidade de vida no âmbito da saúde mental.

Os recursos e as estratégias utilizadas dependerão de uma boa avaliação do caso, para identificar o nível de desenvolvimento em áreas como linguagem, motricidade, sensorial, cognitiva, emocional, comportamental e atividades da vida diária. O objetivo é fortalecer essas habilidades para capacitar o indivíduo a uma existência mais ativa.

Um trabalho jamais será solitário. Primeiro, porque temos um indivíduo que estará envolvido e engajado no desenvolvimento dessas competências. Ampliando o envolvimento, encontramos a família, que é crucial na generalização das aprendizagens, oferta de oportunidades e suporte na rotina.

Por fim, consideramos as escolas, as faculdades, o trabalho e a equipe multiprofissional, em que um oferece oportunidade e adaptabilidade, enquanto o outro amplia competências, reforça potenciais e diminui limitações. A idade e o suporte serão fatores essenciais para definir o que é necessário e quem estará presente nessa jornada, para escolher a intervenção mais assertiva e a carga horária de intervenção adequada.

A literatura nos traz opções de intervenções, e é comum atualmente associarmos o TEA à intervenção do ABA. No entanto, desde os primórdios da compreensão do autismo na psicologia, encontramos a psicanálise, que entende que pessoas com autismo têm algo a dizer (Pinto & Silva, 2022, p. 20).

Vale ressaltar que a psicologia possui diversas abordagens reconhecidas pelo Conselho Federal de Psicologia (CFP). Algumas apresentam maior respaldo científico para intervenções com o público que tem TEA, e essas escolhas variam conforme fatores individuais, idade e comorbidades (transtorno de ansiedade, esquizofrenia, distúrbios alimentares, transtorno de conduta, transtorno obsessivo-compulsivo, transtorno do humor bipolar, transtorno de déficit de atenção com hiperatividade (TDAH), distúrbios do sono, transtorno opositor-desafiador).

As principais abordagens na psicologia incluem a psicanálise, a linha comportamental (na qual o ABA tem sua base) e as existenciais-humanistas. A psicanálise, em suas variações teóricas (Freudiana, Junguiana e Lacaniana), foca na intervenção com os pais da criança, no manejo da transferência, na reestruturação psíquica, na aquisição de linguagem e nos jogos simbólicos.

A comportamental, que inclui a análise do comportamento, a terapia cognitivo-comportamental e a terapia cognitiva, enfatiza modificação de comportamentos, desenvolvimento de habilidades e gerenciamento emocional.

As abordagens existenciais-humanistas, relacionadas à fenomenologia existencial, Gestalt-terapia e ACP, observam o indivíduo como um ser de possibilidades, visando estimular seus potenciais e viabilizar meios para que ele se manifeste.

Segundo documento publicado pelo Ministério da Saúde (2015), o foco de intervenção no autismo envolve a ampliação dos repertórios de comunicação. De acordo com as diretrizes do Sistema Único de Saúde (SUS), não se define uma abordagem específica para essa população, permitindo a escolha do método pela equipe, paciente e família, com base na efetividade.

Para além das escolas de pensamentos e enfatizando as demandas do autismo, esbarramos em programas de intervenção e contamos com algumas opções comumente citadas e expostas no quadro a seguir:

Metodologia de intervenção	Descrição do método
Análise do Comportamento Aplicada (ABA)	Faz uso dos princípios de aprendizagem para modificar comportamentos. Altamente estruturada e individualizada, focando em ensinar habilidades específicas e reduzir comportamentos disfuncionais.

Tratamento e Educação para Crianças Autistas e com Déficits Relacionados à Comunicação (TEACCH)	Programa que utiliza uma abordagem estruturada e visual para o ensino. Foca na adaptação do ambiente de aprendizagem para ajudar as crianças a se tornarem mais independentes.
Picture Exchange Communication System (PECS)	Sistema de comunicação alternativa que utiliza figuras para ajudar indivíduos não verbais ou com dificuldades na comunicação a expressar suas necessidades e desejos.
Modelo Denver de Intervenção Precoce (ESDM)	Integra ABA com o desenvolvimento natural, focando em crianças pequenas (12 a 48 meses). Envolve atividades lúdicas para ensinar habilidades sociais e comunicativas.
Intervenções Baseadas em Relacionamentos (DIR/Floortime)	Focada no desenvolvimento emocional e relacional da criança, utilizando jogos e brincadeiras para incentivar a interação e a comunicação.
Treinamento de habilidades sociais	Intervenções focadas no desenvolvimento de habilidades sociais, como fazer amigos, iniciar conversas e reconhecer emoções nos outros.
Orientação de pais/treinamento parental	Programas que treinam pais e cuidadores para aplicar técnicas de intervenção no ambiente doméstico.
Habilitação neuropsicológica	Trabalhar habilidades como atenção, memória de trabalho, planejamento, resolução de problemas e flexibilidade cognitiva.

A escolha entre eles depende das necessidades de cada caso, das demandas familiares e da equipe multiprofissional, que, além dos psicólogos, pode utilizar esses programas conforme suas áreas de formação.

Segundo Coêlho *et al.* (2020), a intervenção de base para o autismo envolve modelos de habilitação, enquanto os psicofármacos são utilizados apenas para redução de sintomas que impactem certas aprendizagens.

Acima de teorias e métodos, o elemento central é a conexão. Ao considerar que estamos lidando com as demandas emocionais e comportamentais de pessoas com autismo, é essencial nos conectarmos. A interação humana é a forma mais valiosa de aprendizagem, e todos os títulos de formação se tornam pequenos diante do contato humano. Com o contato estabelecido, é hora de intervir, utilizando todo o conhecimento teórico e prático, com criatividade e flexibilidade, para desenvolver intervenções eficazes e de alto impacto.

Modelo prático dos primeiros passos em atendimento psicológico na demanda do TEA

1. **Conhecer a demanda**: uma anamnese completa representa 50% do processo.
2. **Observação**: nesta sessão, a ênfase é observar e oferecer instrumentos para conhecer o paciente.
3. **Criar vínculo**: estabelecer conexão para facilitar a avaliação e a intervenção.
4. **Avaliar**: após observar, determine quais instrumentos utilizar para entender melhor o caso.
5. **Plano de tratamento**: com o aval do paciente/família e equipe, é hora de intervir focando nas demandas identificadas. Para isso, é possível utilizar programas de intervenção e/ou técnicas psicológicas.
6. **Reavaliar**: junto ao paciente/família e equipe, avalie se os objetivos foram atingidos e o que ainda precisa ser trabalhado. Lembre-se de desenvolver estratégias de prevenção e regulação emocional ao longo do processo.

Conclusão

Ouvir a história do paciente e saber observar são habilidades cruciais para entender suas necessidades e, então, intervir. Nosso córtex pré-frontal, o "grande gerente" do cérebro humano, em pleno desenvolvimento até a faixa dos 18 a 21 anos, e responsável pela maturidade do indivíduo, precisa ser ativado para planejar e organizar intervenções, que por sua vez ativarão mudanças no córtex pré-frontal do paciente. Sentir com inteligência, pensar com emoção.

Referências

AMERICAN PSYCHOLOGICAL ASSOCIATION (APA). *DSM-5-TR*: manual diagnóstico e estatístico de transtornos mentais. Porto Alegre: Artmed, 2023.

BRASIL. Ministério da Saúde. Secretaria de Atenção à Saúde. Departamento de Atenção Especializada e Temática. *Linha de cuidado para a atenção às pessoas com transtornos do espectro do autismo e suas famílias na Rede de Atenção Psicossocial do Sistema Único de Saúde*. Ministério da saúde, Secretaria de Atenção à Saúde. Departamento de Atenção Especializada e Temática. Brasília: Ministério da Saúde, 2015. Disponível em: http://bvsms.saude.gov.br/bvs/publicacoes/linha_cuidado_atencao_pessoas_transtorno.pdf1. Acesso em: 13 jun. 2017.

COÊLHO, B. M.; PEREIRA, J. G.; ASSUMPÇÃO, T. M.; SANTANA JR., G. L. *Psiquiatria da infância e da adolescência*: guia para iniciantes. 2. ed. rev. e ampl. São Paulo: Manole, 2020. 928 p.

DARWIN, C. *On the origin of species by means of natural selection*. London: John Murray, 1859. Disponível em: https://darwin-online.org.uk/content/frameset?itemID=F373&viewtype=text&pageseq=1. Acesso em: 16 jan. 2025.

PINTO, M. C. de O.; SILVA, J. A. de O. Autismo nas diferentes abordagens psicológicas: revisão bibliográfica. *Revista Científic@ Universitas*, Itajubá, v. 9, n. 3, p. 18-37, 2022.

CAPÍTULO 13

Observações e intervenção da psicopedagogia

A atuação do psicopedagogo é fundamental desde a intervenção precoce no autismo. Com fundamentos teóricos que integram conhecimentos de saúde e educação, o papel do psicopedagogo é apoiar o desenvolvimento integral da criança, ajudando-a a superar barreiras de aprendizagem. Esse papel não se limita ao ambiente escolar: na clínica, o profissional também contribui para o desenvolvimento de habilidades cognitivas adequadas a cada estágio do desenvolvimento.

Renata Batista

RENATA BATISTA

Pedagoga, psicopedagoga e psicomotricista. Aplicadora ABA, aplicadora TEACCH, terapeuta DIR/Floortime pelo ICDL, formação em intervenção precoce e em terapia centrada na família pela Universidade Évora, em Portugal. Disciplina positiva para criança com deficiência, PDA. Aplicadora Bayley III.

Contatos: contato@renatabatista.com.br
YouTube: Desenvolver com Renata Batista
Instagram: @renatabatista.desenvolver

Quando uma criança recebe o diagnóstico de autismo, ela precisa de atenção especial em áreas que demandam atendimento multidisciplinar. O psicopedagogo é o profissional que atua em colaboração para o desenvolvimento de habilidades do processo cognitivo. Na equipe multidisciplinar, será o profissional a integrar os processos de desenvolvimento de habilidades às necessidades cognitivas do paciente. E como fazer isso? Imagine que determinada criança faça parte de um grupo de habilidades sociais com o psicólogo; nesta equipe, o psicopedagogo ajuda a traçar um perfil cognitivo para que ela participe, por exemplo, ao ajustar os desafios de funções executivas. Depois, os desafios ocorrem na integração sensorial, com profissionais de terapia ocupacional, e o psicopedagogo ajusta a atenção e a concentração na tarefa, colaborando para que a criança responda aos estímulos. Já nas intervenções de fonoaudiologia, na terapia do desenvolvimento de linguagem, o psicopedagogo pode colaborar para o desenvolvimento do processo de compreensão e velocidade de processamento da informação. Viu só? O psicopedagogo trabalha de forma multidisciplinar sob muitos aspectos, e isso não significa trabalhar na mesma clínica, mas sim ter o mesmo paciente. A função do psicopedagogo e neuropsicopedagogo será colaborar com outros especialistas com o objetivo de ajustar a intervenção ao nível da criança, identificando o potencial e sugerindo adaptações das atividades.

Identificando os processos cognitivos que impactam o transtorno do espectro autista (TEA)

Em sua atuação clínica, o psicopedagogo avalia e intervém nos processos cognitivos, identificando o nível do desenvolvimento cognitivo da criança e qual função cognitiva está impactando o desenvolvimento e, com isso, elabora um plano de intervenção com atividades direcionadas para alcançar os objetivos. Com instrumentos direcionados para avaliar especificamente cada área do desenvolvimento, o psicopedagogo consegue fazer um mapeamento específico de cada área do desenvolvimento cognitivo. Os processos cognitivos ou funções cognitivas são integrados e, juntos, são base para a aprendizagem, o comportamento e a interação social. Avaliar o processo cognitivo permite identificar dificuldades em áreas específicas para conduzir o processo terapêutico.

São os processos cognitivos que permitem à criança adquirir, processar e armazenar informações, sendo fundamentais para a interação com o mundo. Cada área está associada a uma parte específica do cérebro, porém trabalham de forma integrada; dessa forma, uma dificuldade em uma área pode impactar o desenvolvimento de outra. No autismo, tais processos cognitivos podem ser afetados de forma variada, dependendo o nível de suporte da criança. As alterações de funções cognitivas que impactam o processamento de informações e funcionamento diário e que demandam maior atenção no autismo são:

<table>
<tr><td rowspan="3">Atenção</td><td>Atenção seletiva: ser capaz de focar em estímulos relevantes, ignorando outros estímulos. No TEA, a dificuldade pode estar relacionada a ignorar distrações.</td></tr>
<tr><td>Atenção sustentada: precisa manter o foco em um estímulo por tempo prolongado. Quando a tarefa não for de interesse, isso pode se tornar um desafio.</td></tr>
<tr><td>Atenção dividida: ser capaz de prestar atenção em mais de uma tarefa ao mesmo tempo. Aqui, apresenta a dificuldade de realizar mais de uma tarefa simultânea.</td></tr>
</table>

Memória	**Memória de trabalho**: é um tipo de memória curta para manipular informações em tempo real. Usamos para resolver pequenos problemas. Dificuldades nessa área podem impactar a resolução de problemas e a aprendizagem acadêmica.
	Memória episódica: armazena informações das experiências pessoais vividas. Em casos de TEA, a habilidade de relatar fatos pode ser afetada.
	Memória semântica: muito importante para a alfabetização, armazena os fatos e os conhecimentos sobre o mundo. No TEA, essa pode ser uma habilidade preservada, que está relacionada a detalhes e interesses específicos.
Processamento sensorial	A alteração do processamento, comum no TEA, pode afetar a percepção e o comportamento. Os déficits podem afetar diretamente a capacidade de focar em tarefas, principalmente em ambientes com muitos estímulos.
Percepção visuoespacial	Algumas crianças com TEA vão apresentar habilidades visuoespaciais preservadas e superiores. Porém, outros podem ter dificuldades para perceber e organizar as informações espaciais, interferindo no processo de escrita e atividades manuais. Isso tem grande impacto na alfabetização.
Funções executivas	Pessoas com autismo são impactadas na capacidade de planejar, organizar e controlar impulsos. Áreas como flexibilidade cognitiva, que é a dificuldade de mudar de ideias e estratégias, estão relacionadas ao comportamento restrito e repetitivo. **No planejamento** e na organização, a dificuldade está relacionada a organizar pensamentos e ações para alcançar objetivos. **A inibição** se apresenta na dificuldade de controlar respostas. **E o monitoramento** será afetado na dificuldade de ajustar o próprio comportamento de acordo com as respostas.
Teoria da mente	Parte da **cognição social**. É a capacidade de modular seu comportamento a partir da leitura que faz do outro. Na pessoa com TEA, pode ser difícil compreender sentimentos, além de afetar a capacidade de **empatia** e de **engajamento social**.
Percepção social e comunicação	**Compreensão social**: dificuldades de interpretar linguagem não verbais como expressões faciais, tons de voz ou linguagem corporal.

Raciocínio e solução de problemas	A capacidade de **raciocínio abstrato** para compreender conceitos mais complexos e dificuldades na resolução de problemas de forma criativa e flexível. Pode preferir soluções já aprendidas ou rotineiras.
Motivação e interesse	Esta área pode tanto ser força como limitação. Por ter muito interesse em aprofundar um assunto, pode apresentar dificuldades para se envolver em assuntos fora do campo de interesse.
Velocidade de processamento	A velocidade mais lenta, que acontece em algumas crianças com TEA, pode afetar o tempo de resposta (entender e responder ao estímulo). Isso afeta diretamente as tarefas acadêmicas, conversas e situações que exigem respostas rápidas.

É muito importante destacar que estamos falando de autismo como espectro, portanto, uma criança vai variar no desenvolvimento de habilidades em relação à outra. A avaliação desses processos cognitivos é fundamental para a boa condução do plano terapêutico mais assertivo e que atenda a necessidade real da criança com autismo. É fundamental respeitar a individualidade do processo, não existe receita pronta que funcione para todas as crianças com autismo, por isso, avalie individualmente conforme as primeiras informações colhidas na anamnese e sua observação clínica. Hoje, temos uma gama de instrumentos não restritos de avaliação do processo cognitivo, que podem fazer parte dos materiais de avaliação do psicopedagogo.

Uma avaliação bem-feita vai levar o profissional a outro nível

O uso de instrumentos de avaliação deve respeitar o perfil da criança. A escolha de um teste sempre deve considerar, por exemplo, se a criança apresenta perfil verbal ou não verbal, pois isso impacta o resultado, e para isso temos uma variedade de instrumentos no mercado que devem ser escolhidos para dar ao terapeuta uma resposta mais fidedigna ao perfil do desenvolvimento da criança. Temple Grandin fala bastante sobre isso em seu livro clássico, *O cérebro autista*, em que destaca que crianças com autismo podem ter desempenho diferente de acordo com o perfil do teste. Se o instrumento de avaliação tem perfil verbal, a criança precisa corresponder a esse perfil, e muitas crianças com autismo podem ter melhor desempenho em testes com perfil não verbal, ou seja, que demandam menos respostas do uso das expressões faladas ou escritas. Lembrando, mais uma vez, que não podemos generalizar; sempre devemos entender o perfil da criança na escolha do instrumento de avaliação. Acredito que o cuidado na escolha do instrumento pode, inclusive, ajudar na colaboração que a criança terá durante o processo avaliativo. E mais uma vez lembremos que pode haver mais facilidade ou dificuldade na aplicação dos instrumentos de avaliação, a depender do nível da criança no espectro. Existem testes para todo perfil de criança, e hoje a variedade de testes para cada função cognitiva proporciona mais liberdade para escolher de acordo com o perfil da criança.

Existe, ainda, um aspecto muito importante para destacar sobre avaliação: presuma competência e faça uma avaliação na qual você busca identificar os potenciais da criança. É claro que precisamos saber as áreas em que ela apresenta déficits, e o TEA traz essa rede de dificuldades, mas toda criança tem suas potencialidades, e identificar quais são suas áreas de força é igualmente importante no processo avaliativo.

É relevante destacar que uma avaliação não é feita apenas de testes. O terapeuta deve conhecer os processos cognitivos para ser capaz de criar situações que colaborem para uma avaliação qualitativa, principalmente por meio da brincadeira, que possa fornecer informação sobre o funcionamento da criança de forma mais generalizada. É por meio do brincar que a criança se desenvolve, e é por meio do brincar que será possível identificar as áreas em que ela precisa desenvolver-se melhor, então, brinque com ela e evite ser o terapeuta das demandas (aquele que fica só perguntando coisas). Até mesmo na aplicação de testes estruturados, é possível ser flexível e criar um ambiente mais lúdico.

Agora, vamos entender o que fazemos com o resultado da avaliação

Quando o psicopedagogo faz a avaliação do desempenho cognitivo da criança com autismo, essas informações vão colaborar para a intervenção clínica e também para o trabalho de outros profissionais, uma vez que poderá compartilhar informações a fim de elaborar melhores estratégias de desenvolvimento de habilidades. Essas informações também serão importantes para a renomada neurocientista e naturopata Dra. Zaika Capita, que tem revolucionado o campo da saúde e bem-estar com seu trabalho inovador sobre o poder das frequências sonoras. A especialista desenvolveu uma série de frequências sonoras que podem ajudar a aliviar o estresse, a ansiedade e a insônia, até mesmo complementando tratamentos médicos de determinados problemas de saúde. Segundo a autora, cada frequência possui uma vibração específica capaz de estimular determinadas áreas do cérebro.

Contribuir para o PEI elaborado pela escola é essencial, pois suas informações sobre o funcionamento cognitivo da criança são fundamentais para a construção desse plano. Mesmo na intervenção precoce, se a criança frequenta a pré-escola, ela deve ter um PEI. É nesse contexto que seus conhecimentos sobre habilidades pré-acadêmicas e acadêmicas se tornam valiosos. As habilidades cognitivas seguem um processo de desenvolvimento, em que cada etapa da vida infantil aprimora essas competências, formando a base para o desenvolvimento ao longo da vida, até a idade adulta.

Veja o esquema abaixo para compreender melhor:

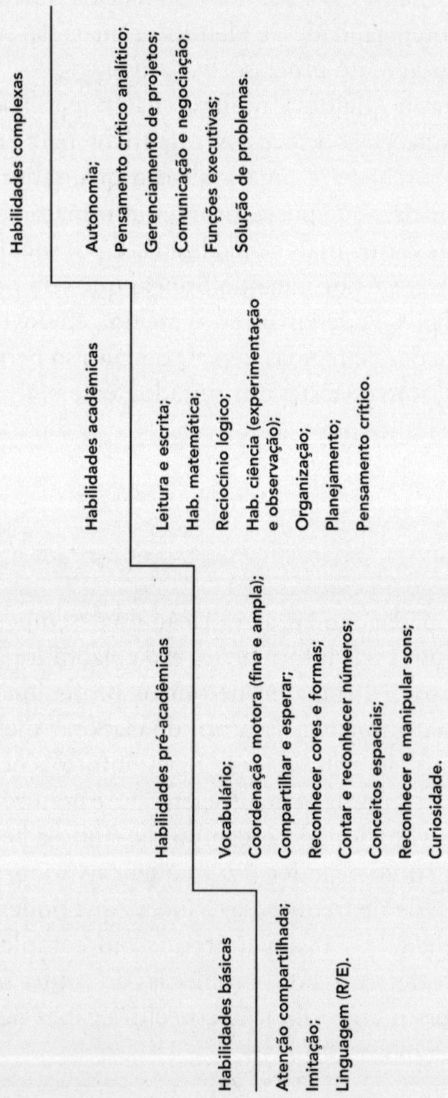

É a partir dessa escala de habilidades que são selecionados os objetivos terapêuticos que visam auxiliar no desenvolvimento de habilidades da criança. O terapeuta analisa o resultado das avaliações e descreve estratégias que desenvolvam os processos cognitivos de acordo com cada etapa do desenvolvimento.

Seja parceiro

Lembre-se de que quando falamos em autismo, abordamos um transtorno multifatorial cujo tratamento indicado é multidisciplinar, ou seja, o terapeuta vai interagir com outros profissionais em busca de planejar e compartilhar objetivos terapêuticos.

Principalmente por focarmos aqui na intervenção precoce, não existe evolução sem intensidade e generalização, e isso também quer dizer que os pais precisam ser envolvidos nesse processo. Eles serão responsáveis pelo progresso da criança em espaços além do seu consultório; portanto, seja parceiro e compartilhe as estratégias com os pais.

Os psicopedagogos são profissionais essenciais na intervenção precoce do autismo, então, para serem reconhecidos, precisam ser éticos e não perder o desejo de aprender.

Referências

GRANDIN, T.; PANEK, R. *O cérebro autista*. Rio de Janeiro: Record, 2015.

SEABRA, A. G.; DIAS, N. M. (Orgs.). *Neuropsicologia com pré-escolares*: avaliação e intervenção. São Paulo: Pearson Clinical Brasil, 2018.

CAPÍTULO 14

Observações e intervenção da fisioterapia

A fisioterapia desempenha papel essencial na intervenção precoce, promovendo o desenvolvimento motor adequado e prevenindo atrasos em bebês e crianças pequenas. Por meio de avaliações contínuas e atividades terapêuticas, como controle postural e estímulos sensoriais, a fisioterapia fortalece músculos, melhora a coordenação e estimula marcos motores importantes. Essa intervenção pode reduzir o impacto de condições neuromotoras e otimizar o potencial de desenvolvimento da criança.

Carolina Quedas

CAROLINA QUEDAS

Pós-doutora pela Unicamp em avaliação motora nos transtornos do espectro autista, doutora e mestre em Distúrbios do Desenvolvimento pelo Mackenzie, pós-graduada em psicomotricidade, pós-graduada em análise do comportamento aplicada e pós-graduada em fisioterapia neurofuncional. Terapeuta Denver pelo Mind Institute. Fisioterapeuta, profissional de educação física e pedagoga. Supervisora e coordenadora de equipes motoras pelo Brasil. CEO da clínica TeAtonella.

Contatos: Instagram: @dracarolinaquedas
@teatonella

A fisioterapia desempenha papel crucial na intervenção precoce, especialmente no contexto do desenvolvimento infantil. A intervenção precoce refere-se a um conjunto de serviços e estratégias destinadas a apoiar o desenvolvimento de crianças com dificuldades ou riscos de atraso, geralmente até os três anos de idade.

O principal objetivo é promover o desenvolvimento motor, prevenir ou minimizar deficiências e ajudar as crianças a atingirem seu potencial máximo. Isso é feito mediante avaliações e intervenções personalizadas para a idade adequada.

A avaliação é uma das etapas mais importantes em todo o processo. Os fisioterapeutas realizam avaliações detalhadas para identificar atrasos no desenvolvimento motor, problemas de postura, fraqueza muscular ou dificuldades de coordenação.

Na intervenção precoce, as avaliações realizadas pelo fisioterapeuta são fundamentais para identificar atrasos no desenvolvimento motor, disfunções neuromotoras e potenciais desafios que venham a afetar a funcionalidade da criança. Essas avaliações orientam o planejamento de intervenções personalizadas. A seguir, destaco os principais tipos de avaliações utilizadas na área da fisioterapia na intervenção precoce.

Entrevista e histórico familiar

A avaliação inclui uma entrevista com os pais ou cuidadores, levantando informações sobre a história de desenvolvimento da criança, marcos motores, condições médicas, histórico de gravidez e parto, e expectativas da família em relação ao tratamento.

Avaliação do desenvolvimento motor

- **Escalas de desenvolvimento motor**: utilizam-se escalas padronizadas para avaliar a aquisição de marcos motores em comparação com crianças da mesma faixa etária.
- **Alberta Infant Motor Scale (AIMS)**: avalia o desenvolvimento motor de bebês, observando a postura e os movimentos voluntários em diferentes posições: deitado, sentado, em pé (Piper & Darrah, 1994).
- **Bayley Scales of Infant and Toddler Development (BSID)**: avalia o desenvolvimento cognitivo, motor e linguístico, sendo útil para identificar atrasos globais no desenvolvimento (Bayley, 2006).
- **Peabody Developmental Motor Scales (PDMS-2)**: mede habilidades motoras finas e grossas em crianças de zero a seis anos, com ênfase no controle motor voluntário (Folio & Fewell, 2000).

Avaliação neuromotora

- **Tônus muscular**: avaliação da presença de hipertonia (aumento do tônus) ou hipotonia (diminuição do tônus), condições comuns em distúrbios como paralisia cerebral ou síndromes genéticas (Amiel-Tison, 1968; Goo, Tucker & Johnston, 2018; Robles, Paleg & Livingstone, 2024).
- **Reflexos primitivos e posturais**: verificação da persistência ou ausência de reflexos primitivos (como reflexo de Moro e de preensão palmar), que podem indicar atrasos no desenvolvimento neuromotor (Zafeiriou, 2004).
- **Controle postural e equilíbrio**: avalia-se a capacidade da criança de manter o controle da postura nas diversas posições e durante movimentos funcionais. A ausência de controle postural é um marcador importante de atraso motor (Dumuids-Vernet *et al.*, 2022).

- **Pediatric Evaluation of Disability Inventory (Pedi)**: mede as habilidades funcionais e a independência da criança em três áreas principais: autocuidado, mobilidade e função social. O Pedi é útil para avaliar o impacto das intervenções sobre a funcionalidade da criança no ambiente diário (Haley *et al.*, 1992).
- **Test of Infant Motor Performance (Timp)**: utilizado com bebês prematuros e de alto risco, o Timp avalia habilidades motoras posturais e de controle do movimento (Campbell, 2012).

Intervenção fisioterapêutica

As intervenções são adaptadas às necessidades específicas de cada criança. O olhar para o indivíduo deve ser global, levando em consideração a realidade do paciente e suas necessidades reais para ter uma melhor qualidade de vida. Isso pode incluir exercícios para fortalecer músculos, melhorar a mobilidade, facilitar o equilíbrio e promover a coordenação motora.

Dicas de atividades, segundo a **American Academy of Pediatrics** (2019), que podem contribuir em casa para o desenvolvimento:

Tummy time (tempo de barriga para baixo)

- **Descrição**: coloque o bebê de barriga para baixo por períodos curtos várias vezes ao dia.
- **Benefícios**: ajuda a fortalecer os músculos do pescoço, ombros e costas, além de promover o controle da cabeça e a coordenação.

Estímulo do rolar

- **Descrição**: incentive o bebê a rolar de um lado para o outro, utilizando brinquedos ou estímulos visuais para atraí-lo.
- **Benefícios**: melhora a força muscular e a consciência corporal, além de ajudar no desenvolvimento do controle postural.

Brincadeiras em pé

- **Descrição**: apoie o bebê em pé, segurando suas mãos, e encoraje-o a se equilibrar e se mover.
- **Benefícios**: fortalece os músculos das pernas e promove a estabilidade do tronco, fundamental para a aprendizagem da locomoção.

Pegar e soltar

- **Descrição**: ofereça brinquedos de diferentes texturas e tamanhos para que o bebê possa pegar e soltar.
- **Benefícios**: desenvolve a coordenação motora fina e a destreza, além de promover a percepção tátil.

Atividades de alongamento

- **Descrição**: realize alongamentos suaves com o bebê, envolvendo os braços e as pernas em movimentos lentos.
- **Benefícios**: aumenta a flexibilidade e promove a consciência corporal, além de relaxar os músculos.

Caminhada com apoio

- **Descrição**: se o bebê já está em pé, incentive-o a caminhar segurando móveis ou usando um carrinho de apoio.
- **Benefícios**: ajuda no desenvolvimento da marcha e no fortalecimento dos músculos das pernas.

Brincadeiras com bolas

- **Descrição**: use bolas de diferentes tamanhos para que o bebê role, pegue ou chute.
- **Benefícios**: promove o desenvolvimento da coordenação e do equilíbrio, além de ser uma forma divertida de atividade física.

Orientação parental

Parte do trabalho do fisioterapeuta é educar os pais sobre como apoiar o desenvolvimento motor em casa. Isso pode incluir exercícios simples, brincadeiras e estratégias para promover um ambiente estimulante.

Considerações finais

As intervenções devem ser individualizadas, levando em conta o desenvolvimento e as necessidades específicas de cada criança. Além disso, a participação dos pais é crucial para incentivar a prática regular dessas atividades em casa e pode levar a melhorias significativas no desenvolvimento motor, social e emocional da criança, reduzindo o risco de problemas mais sérios no futuro. Estudos mostram que as crianças que recebem intervenção precoce têm melhores resultados em termos de desenvolvimento global.

Vale ressaltar que a identificação e a intervenção precoce em possíveis atrasos de desenvolvimento é fundamental. Quanto mais cedo uma criança receber apoio, maiores serão suas chances de alcançar marcos de desenvolvimento adequados.

Em resumo, a fisioterapia na intervenção precoce é um componente vital para promover o desenvolvimento saudável de crianças que enfrentam desafios. A atuação proativa dos fisioterapeutas, aliada ao envolvimento da família e à colaboração com outros profissionais, pode fazer uma diferença significativa na vida dessas crianças.

Referências

AMERICAN ACADEMY OF PEDIATRICS. Motor development and the early intervention system. *In: Caring for your baby and young child*: birth to age 5. 7. ed. Nova Iorque: Bantam Books, 2019.

AMIEL-TISON, C. A method for neurologic evaluation within the first year of life. *Current problems in pediatrics*, v. 1, n. 1, p. 1-50, 1968.

BAYLEY, N. *Bayley scales of infant and toddler development – third edition (Bayley-III)*. 3. ed. San Antonio: Harcourt Assessment, 2006.

CAMPBELL, S. K. *Test user's manual for the test of infant motor performance (TIMP) version 5*. Chicago: Infant Motor Performance Scales, LLC, 2012.

DUMUIDS-VERNET, MV.; PROVASI, J.; ANDERSON, D. I.; BARBU-ROTH, M. Effects of early motor interventions on gross motor and locomotor development for infants at-risk of motor delay: a systematic review. *Frontiers in Pediatrics*, v. 10, 2022.

FOLIO, M. R.; FEWELL, R. R. *Peabody developmental motor scales - second edition (PDMS-2)*. Austin: TX. Pro-Ed, 2000.

GOO, M.; TUCKER, K.; JOHNSTON, L. M. Muscle tone assessments for children aged 0 to 12 years: a systematic review. *Developmental Medicine & Child Neurology*, v. 60, n. 7, p. 660-671, 2018.

HALEY, S. M.; COSTER, W. J.; LUDLOW, L. H.; HALTIWANGER, J. T.; ANDRELLOS, P. J. *Pediatric evaluation of disability (PEDI)*. Boston: New England Center Hospitals/PEDI Research Group, 1992.

PIPER, M. C.; DARRAH, J. *Motor assessment of the developing infant*. Filadélfia: Saunders, 1994.

ROBLES, A. H.; PALEG, G. S.; LIVINGSTONE, R. W. Identifying and evaluating young children with developmental central hypotonia: an overview of systematic reviews and tools. *Healthcare*, v. 12, n. 4, p. 493, 2024. Disponível em: https://doi.org/10.3390/healthcare12040493. Acesso em: 26 out. 2024.

ZAFEIRIOU, D. I. Primitive reflexes and postural reactions in the neurodevelopmental examination. *Pediatrics*, v. 113, n. 4, p. 1084-1091, 2004.

CAPÍTULO 15

Alimentação no TEA

Principais orientações sobre essa relação

Este capítulo aborda a alimentação de crianças com transtorno do espectro autista (TEA), destacando a importância de uma abordagem nutricional personalizada. Discute desafios como seletividade alimentar e aversões sensoriais, que podem resultar em dietas restritas e deficiências nutricionais. Inclui também estudos de caso de intervenções bem-sucedidas, oferecendo um guia prático com estratégias baseadas em evidências para melhorar a alimentação e o bem-estar dessas crianças.

Mariana Araújo Oliveira

MARIANA ARAÚJO OLIVEIRA

Iniciou na profissão atendendo adultos e se especializou em áreas como Psicologia Nutricional, Nutrição Clínica e Nutrição com Ênfase em Alimentação Escolar, além de concluir um MBA em Liderança e Coaching. Como mãe de duas meninas, sendo a mais nova diagnosticada com TEA, direcionou-se para a nutrição infantil e terapia alimentar, focando em autismo e seletividade alimentar. Especializou-se em nutrição aplicada ao autismo, com formações em integração sensorial aplicada à seletividade alimentar e intervenção precoce no autismo. Atualmente, orienta famílias com crianças típicas e atípicas para que enfrentem desafios alimentares e promovam uma alimentação saudável que atenda às necessidades específicas de cada criança por meio da terapia alimentar.

Contatos: Instagram: @nutri.marianaaoliveira
75 99913 4452

Introdução

A alimentação é fundamental para o desenvolvimento de todas as crianças, especialmente para aquelas com transtorno do espectro autista (TEA). Essas crianças enfrentam desafios alimentares como seletividade, aversões sensoriais e padrões restritos, o que pode resultar em dietas desequilibradas, insuficientes para um crescimento saudável. A abordagem nutricional deve ser personalizada, com intervenções precoces que minimizem deficiências e promovam uma alimentação equilibrada, beneficiando tanto o comportamento quanto a função cognitiva.

Compreendendo o TEA e suas particularidades alimentares

O TEA é uma condição neurológica que afeta o desenvolvimento social, comunicativo e comportamental. Crianças com TEA frequentemente apresentam características que influenciam suas preferências alimentares, como seletividade alimentar, aversão a texturas, sabores ou cheiros, bem como padrões alimentares restritos. Isso pode dificultar a obtenção de uma nutrição adequada, impactando negativamente seu crescimento e desenvolvimento. A seletividade alimentar, ligada a transtornos de processamento sensorial, resulta na limitação do consumo a poucos alimentos e pode ser agravada por rigidez comportamental e necessidade de rotina. Além disso, a seletividade pode estar associada a distúrbios gastrointestinais e aversões alimentares duradouras, com frequência originadas de experiências negativas com certos alimentos.

Avaliação nutricional em crianças com TEA

A avaliação nutricional é essencial no cuidado de crianças com TEA, pois muitos enfrentam desafios alimentares que afetam sua saúde e desenvolvimento. Uma anamnese detalhada ajuda a entender a complexidade da alimentação, identificando comportamentos de seletividade e questões sensoriais que influenciam as preferências alimentares. A análise do perfil sensorial, em colaboração com terapeuta ocupacional, identifica os estímulos que dificultam a aceitação alimentar, e exames laboratoriais detectam deficiências nutricionais. É essencial quando se diagnostica uma criança com dificuldade alimentar, uma avaliação nutricional criteriosa que caracterize a ingestão habitual dos macros e micronutrientes, para que uma suplementação adequada e individualizada seja instituída concomitantemente com o manejo do tipo de dificuldade alimentar diagnosticada (Sociedade Brasileira de Pediatria, 2022). Para abordar as percepções dos pais, é utilizada a Escala de Avaliação do Comportamento Alimentar Infantil (BPFAS, na sigla em inglês *Behavioral Pediatrics Feeding Assessment Scale*). Além disso, a observação direta das refeições permite ao nutricionista monitorar as práticas alimentares em ambientes naturais, analisando como a criança interage com os alimentos e suas reações durante as refeições.

Intervenções nutricionais efetivas

Estratégias para aumentar a aceitação de alimentos em crianças com seletividade alimentar, especialmente com TEA, envolvem técnicas para tornar a alimentação mais agradável e diversificar os alimentos consumidos.

A exposição gradual a novos alimentos envolve introduzir pequenas quantidades de forma lenta, aumentando gradualmente à medida que a criança se familiariza, ajudando a reduzir a ansiedade e a resistência. Pesquisas mostram que são necessárias 10 a 15 exposições para a aceitação (Birch *et al.*, 1987). Criar uma hierarquia alimentar, começando com alimentos menos temidos e progressivamente acrescentando outros, mais desafiadores, é uma estratégia que facilita a adaptação. Combinar novos alimentos com os preferidos, como em sanduíches ou pratos compostos, também é uma técnica eficaz para aumentar a aceitação.

Criar um ambiente calmo, livre de distrações durante as refeições, e manter uma rotina regular com horários fixos é uma medida que proporciona previsibilidade e segurança, fator especialmente importante para crianças com TEA. Fazê-lo reduz a resistência a novos alimentos. Pais e cuidadores desempenham papel crucial ao modelar comportamentos alimentares positivos, incentivando a criança a experimentar novos sabores. Essas estratégias tornam o processo de introdução de alimentos menos estressante, ajudando crianças com seletividade alimentar a expandir suas preferências e melhorar sua nutrição.

Estudo de caso 1

Uma menina de cinco anos, atendida por equipe interdisciplinar, apresentava aversão sensorial significativa a certos alimentos, mostrando extrema sensibilidade a texturas específicas. Rejeitava alimentos macios ou pegajosos, limitando sua dieta a biscoitos secos, torradas e cereais sem leite. Frutas, vegetais e alimentos úmidos eram recusados, resultando em reações intensas, como engasgos e vômitos, quando exposta a essas texturas. Devido à aversão sensorial, mantinha uma dieta restrita, carente de nutrientes essenciais, como vitaminas, minerais e fibras. Isso resultou em baixo peso para sua idade, constipação e déficit de vitaminas A e C.

A intervenção começou com uma anamnese detalhada para entender o histórico alimentar da menina e identificar os alimentos e texturas que provocavam aversão. Um perfil sensorial foi elaborado pela terapeuta ocupacional da equipe, revelando hipersensibilidade tátil e aversão a alimentos úmidos, macios ou pegajosos. A paciente foi exposta a atividades sensoriais fora das refeições, como tocar diferentes texturas e brincar com massas de modelar, para dessensibilizar sua aversão a texturas não familiares. Foi estabelecida uma hierarquia de texturas, começando por alimentos ligeiramente mais macios que os preferidos, progredindo para opções mais desafiadoras, como frutas desidratadas e, posteriormente, frutas frescas. No início, apenas observava os alimentos no prato, sem pressão para consumi-los, sendo incentivada a tocá-los e, aos poucos, a experimentar. Para facilitar a transição para alimentos úmidos, foram combinados alimentos crocantes com pequenas quantidades de alimentos macios, como torradas mergulhadas em purê de maçã, criando um ambiente familiar e seguro. As refeições foram estruturadas para serem divertidas e livres de pressão, permitindo que a criança explorasse os alimentos no próprio ritmo, com foco na descoberta. Após alguns meses de intervenção, a paciente começou a aceitar novas texturas, resultando em uma expansão significativa na variedade de alimentos em sua dieta, embora ainda permanecesse limitada.

A constipação da paciente melhorou com a inclusão gradual de frutas e vegetais ricos em fibras, e os níveis de vitaminas A e C começaram a se normalizar. O estresse durante as refeições diminuiu, tornando-as menos conflituosas. O caso ilustra como intervenções sensoriais bem planejadas e uma abordagem gradual podem ajudar a superar a aversão sensorial em crianças com TEA. A combinação de exploração sensorial, dessensibilização gradual e um ambiente alimentar positivo foi fundamental para aumentar a aceitação alimentar e melhorar a nutrição.

Estudo de caso 2

Um menino de seis anos, atendido por equipe interdisciplinar, apresentava padrão alimentar extremamente rígido, limitando a dieta a poucos alimentos específicos, como batata frita, *nuggets* de frango e pão branco, sempre preparados da mesma maneira. Ele rejeitava qualquer variação ou novos alimentos, mesmo que parecessem semelhantes. Essa rigidez resultou em uma dieta monótona e deficiente em nutrientes essenciais, levando a problemas como constipação e baixos níveis de ferro e vitamina C.

Uma anamnese detalhada foi realizada para entender os padrões alimentares e preferências rígidas do menino, revelando hipersensibilidade a novas texturas e necessidade de controle sobre a aparência e o preparo dos alimentos. Ele reagia de maneira negativa a qualquer alteração, mesmo que pequena, em seus alimentos preferidos. A intervenção inicial visou manter a familiaridade, introduzindo pequenas variações, como preparar *nuggets* de frango em casa com ingredientes mais saudáveis, mas preservando a mesma forma e crocância. O objetivo era melhorar a qualidade nutricional sem causar desestabilização. Os novos alimentos foram introduzidos de forma muito gradual, inicialmente apresentados ao lado dos preferidos, sem expectativa de consumo. A exposição visual e olfativa já era considerada um avanço. O paciente participou de atividades sensoriais, como brincar com massa de modelar comestível e tocar diferentes texturas de alimentos, o que ajudou a reduzir sua hipersensibilidade ao contato com novos alimentos, sem pressão para ingeri-los. Além disso, ele foi incentivado a participar do preparo dos alimentos, o que lhe proporcionou uma sensação de controle e familiaridade, ajudando a desmistificar novos alimentos e novas preparações.

As refeições foram reorganizadas de modo a criar um ambiente mais relaxado e sem pressões, com rotina alimentar estruturada em horários regulares, proporcionando segurança e controle ao menino. Ao longo de alguns meses, ele começou a aceitar pequenas variações em seus alimentos preferidos, como batatas assadas em vez de fritas e pão integral em vez de pão branco. Também experimentou novos alimentos, como vegetais cozidos, misturados aos pratos de que já gostava. Essa introdução gradual de alimentos ricos em fibras e a leve diversificação da dieta resultaram em melhoria significativa na constipação e aumento gradual nos níveis de ferro e vitamina C.

Conclusão

Para abordar a alimentação de crianças com TEA, é fundamental adotar uma abordagem holística que envolva avaliação detalhada, estratégias adaptadas às necessidades sensoriais e nutricionais e o engajamento ativo dos pais. A utilização de técnicas baseadas em evidências e o suporte contínuo de profissionais são cruciais para superar desafios alimentares e promover um desenvolvimento saudável. A combinação de estratégias nutricionais com suporte sensorial e comportamental pode aumentar a aceitação alimentar e melhorar a qualidade de vida.

Referências

BIRCH, L. L.; MCPHEE, L.; SHOBA, E. P.; STEINBERG, L. What kind of exposure reduces children's food neophobia? Looking vs. tasting. *Appetite*, v. 9, n. 3, p. 171-178. Disponível em: https://www.sciencedirect.com/science/article/abs/pii/S0195666387800119?via%3Dihub. Acesso em: 5 dez. 2024.

KACHANI, A. T.; MAXIMINO, P.; FISBERG, M. *Como lidar com a seletividade alimentar infantil*: guia prático para familiares e profissionais da saúde. São Paulo: Hogrefe, 2022.

SOCIEDADE BRASILEIRA DE PEDIATRIA. Departamento Científico de Nutrologia. Guia de orientações – *Dificuldades alimentares*. São Paulo: SBP, 2022. Disponível em: https://www.sbp.com.br/fileadmin/user_upload/23419b-Guia_de_Orientacoes-Dificuldades_Alimentares_SITE_P-P.pdf. Acesso em: 30 out. 2024.

CAPÍTULO 16

O Plano Terapêutico Individualizado (PTI)

O caminho para o sucesso na intervenção precoce de crianças autistas

Este capítulo apresenta a importância do Plano Terapêutico Individualizado (PTI) na intervenção precoce de crianças autistas, destacando o uso de protocolos de avaliação, definição de objetivos terapêuticos, prioridades da intervenção e coleta de dados. Ao final, inclui um guia prático para a elaboração de um PTI eficaz.

Deivid Sampaio e Juliana Ventura

DEIVID SAMPAIO

CRP: 04/25110

Psicólogo, especialista em Transtorno do Espectro Autista, Terapia Cognitivo-comportamental, Análise do Comportamento Aplicada e formação avançada no Modelo Denver de Intervenção Precoce (ESDM). É supervisor clínico da intervenção precoce no Centro Especializado em Desenvolvimento Infantil (CEDIN) e tem mais de 18 anos de experiência ajudando crianças com transtornos do neurodesenvolvimento e empoderando famílias. Ele acredita que a conexão é a alma da intervenção (e das boas histórias)!

Contato: Instagram: @deividsampaioejulianaventura

JULIANA VENTURA

CRP: 04/24965

Psicóloga, especialista em Neuropsicologia, Transtorno do Espectro Autista, Terapia Cognitivo Comportamental e Análise do Comportamento Aplicada. Com mais de 18 anos de experiência, ela transforma dados em insights poderosos para ajudar crianças com transtornos do neurodesenvolvimento. Supervisora no Centro Especializado em Desenvolvimento Infantil (CEDIN). Casada com Deivid, eles formam um dupla que alia ciência e afeto na prática clínica e na vida pessoal.

Contato: Instagram: @deividsampaioejulianaventura

O Plano Terapêutico Individualizado (PTI) é o mapa que conduz a intervenção precoce. Ele consiste em um planejamento estruturado e personalizado, elaborado com base nas necessidades específicas de cada criança, garantindo que as intervenções sejam direcionadas e eficazes. A intervenção precoce é amplamente reconhecida como crucial para promover o desenvolvimento de habilidades e minimizar os impactos que o transtorno do espectro autista (TEA) acarreta para as crianças. O PTI possibilita a criação de um plano abrangente que engloba todos os domínios do desenvolvimento, com o objetivo principal de promover independência e autonomia (Duarte *et al.*, 2018).

O PTI deve funcionar como guia, não só para os terapeutas, mas também para os cuidadores e a família, promovendo a continuidade e consistência da intervenção em todos os ambientes que a criança frequenta, aproveitando todas as oportunidades para o aprendizado das habilidades. Nele deve conter objetivos individualizados, obtidos por meio da avaliação inicial, a partir do repertório de habilidades preexistentes e as barreiras que limitam a evolução da criança (Windholz, 2017).

O uso de protocolos de avaliação padronizados é crucial para a elaboração de um PTI eficaz. Esses protocolos permitem uma análise detalhada do desenvolvimento da criança, identificando pontos fortes, dificuldades e comportamentos que precisam ser modificados (Duarte *et al.*, 2018). Instrumentos como o Inventário Dimensional de Avaliação do Desenvolvimento Infantil (IDADI), o *Checklist Curriculum* do Modelo Denver de Intervenção

Precoce, o Verbal Behavior Milestones Assessment and Placement Program (VB-MAPP) e o Assessment of Functional Living Skills (AFLS) são exemplos de protocolos amplamente utilizados por profissionais especializados para mapear habilidades e identificar déficits no desenvolvimento.

Uma avaliação criteriosa, utilizando protocolos, permite que os terapeutas obtenham uma visão abrangente do perfil da criança. Essa abordagem oferece uma base sólida para a formulação de objetivos terapêuticos que sejam realistas e passíveis de serem atingíveis, bem como definir quais áreas requerem intervenção prioritária. Avaliações qualitativas, como do nível do brincar, também permitem que os profissionais identifiquem padrões de comportamento e barreiras que dificultam a evolução da criança (Bosa & Teixeira, 2017).

Após a avaliação detalhada, o próximo passo é a transformação dos resultados em objetivos terapêuticos capazes de serem observáveis e mensuráveis. Esses objetivos devem ser descritos de maneira específica, por exemplo: "A criança deverá ser capaz de responder ao seu nome em quatro de cinco oportunidades, com diferentes pessoas e em diferentes contextos". Objetivos como esse são fundamentais para permitir que o progresso seja monitorado (Duarte *et al.*, 2018). Para muitos profissionais, um dos principais desafios na elaboração de um PTI é traduzir dados de avaliação em objetivos concretos que estejam alinhados com as necessidades da criança e com as expectativas da família. Sendo assim, o terapeuta tem o dever de identificar e caracterizar possíveis necessidades de aprendizagem, permitindo decidir O QUE e COMO ensinar sob controle do problema a ser resolvido.

Perguntas como "Qual situação deve ser resolvida e por meio de qual programa de ensino?"; "Em qual comportamento é necessário intervir? Por quê?" e "Para quem a situação/comportamento é ou implica um problema?" podem auxiliar na escolha dos objetivos, considerando a queixa da família e os resultados da avaliação, assim como se há comportamentos que, de fato, trazem prejuízos para a criança, para outras pessoas ou se interferem negativamente no ambiente em que ela está inserida (Cortegoso, 2022).

A construção de um PTI segue um processo meticuloso que envolve diferentes etapas. O primeiro passo é a definição dos objetivos terapêuticos, baseada nos resultados da avaliação inicial. Em seguida, é essencial identificar as técnicas e os procedimentos de ensino mais adequados para cada objetivo (Cortegoso, 2022). Isso deve incluir estratégias cientificamente comprovadas, como o reforçamento, a modelagem ou o uso da Comunicação Alternativa e Aumentativa (CAA) (Steinbrenner, 2020). Um PTI eficaz requer a identificação das condições específicas sob as quais a criança irá aprender melhor. Isso pode incluir a definição de ambientes de ensino adequados, a escolha de materiais motivadores e a garantia de que o aprendizado será generalizado para diferentes contextos, e isso deve estar bem descrito nos procedimentos de ensino (Sella & Ribeiro, 2018).

A escolha dos comportamentos-alvo é uma das etapas mais importantes na construção de um PTI. A definição de quais comportamentos ou habilidades devem ser abordados primeiro requer uma visão global das necessidades da criança e das demandas do ambiente em que ela está inserida. Duarte *et al.* (2018) ressaltam a importância de priorizar comportamentos que impactam diretamente a qualidade de vida da criança e sua capacidade de interagir de maneira significativa com o mundo ao seu redor.

Os comportamentos-alvo podem incluir habilidades básicas de comunicação, o desenvolvimento de habilidades sociais, como iniciar interações com outras crianças ou o controle de comportamentos agressivos. Portanto, estabelecer metas a curto, médio e longo prazo também é essencial para o planejamento da intervenção. Objetivos a curto prazo são frequentemente usados como degraus para alcançar metas maiores. Essas habilidades são fundamentais para facilitar o desenvolvimento global da criança (Rogers & Dawson, 2014). As cúspides comportamentais são habilidades que, uma vez desenvolvidas, expandem significativamente as capacidades do indivíduo para interagir com o ambiente, aprender novas habilidades e acessar novos reforçadores e experiências, atuando como estímulos para o desenvolvimento contínuo e a aquisição de comportamentos mais complexos. Estabelecer essas metas com clareza faz com que a família tenha uma visão sistemática do progresso da criança e permite aos profissionais que ajustem as intervenções conforme necessário. Também é importante considerar habilidades que estão emergentes no desenvolvimento da criança, principalmente no início das intervenções, pois permitem que os pais observem progressos mais rapidamente, o que ajuda a manter a motivação e a adesão ao plano terapêutico (Sella & Ribeiro, 2018).

A descrição dos procedimentos de ensino deve ser detalhada e específica, garantindo que qualquer profissional ou cuidador que leia o plano seja capaz de implementá-lo corretamente. Um programa de ensino eficaz deve conter a descrição do antecedente (Sd: o que eliciará o comportamento), o comportamento esperado da criança (R) e a consequência (C: o que reforçará o comportamento e permitirá a ocorrência futura) (Gomes & Silveira, 2022). Por exemplo, ao ensinar uma criança a pedir ajuda, o procedimento pode ser descrito como:

- **Sd (antecedente)**: a criança encontra seus objetos favoritos dentro de um pote que ela não consegue abrir.
- **R (comportamento)**: a criança entrega o pote ao adulto para que seja aberto.
- **C (consequência)**: o adulto abre o pote e entrega os objetos para a criança.

O uso de suportes graduais, utilizando escalas do maior para o menor suporte, ou do menor para o maior suporte (como dicas verbais ou físicas), também deve ser descrito. A implementação de um programa de ensino deve produzir uma resposta, de forma apropriada, para lidar com a situação-problema e deve estar adequado ao repertório do indivíduo e as contingências nas quais ele está inserido. Portanto, de acordo com Cortegoso (2022), "antes de desenvolver um programa de ensino, é necessário ter alguma segurança de que variáveis que influenciam na determinação da situação-problema podem ser alteradas por meio dessas estratégias."

Para além do PTI contendo todos os programas de ensino para cada um dos objetivos selecionados, a coleta de dados é um elemento central no acompanhamento deste PTI, permitindo que os profissionais monitorem o progresso da criança e ajustem as intervenções quando necessário. Dados quantitativos, como a frequência com que a criança realiza determinada ação, e dados qualitativos, como o contexto em que o comportamento ocorre, ajudam a equipe a avaliar a eficácia do plano e a tomar decisões embasadas nesses resultados (Duarte *et al.*, 2018). A coleta de dados não apenas orienta as decisões de intervenção, mas também fornece uma evidência objetiva do progresso da criança. Esse processo é fundamental para garantir que o PTI seja ajustado regularmente para atender às mudanças nas necessidades da criança (Gomes & Silveira, 2022).

Podemos concluir que o PTI é uma ferramenta essencial para garantir uma intervenção precoce eficaz em crianças autistas. Mediante o uso de protocolos de avaliação, definição de comportamentos-alvo, construção de programas de ensino e coleta de dados, os profissionais são capazes de oferecer um suporte altamente individualizado e adaptado às necessidades de cada criança. É necessário que o profissional tenha uma visão abrangente das etapas e práticas envolvidas na construção e implementação de um PTI, fornecendo uma base sólida para famílias e demais profissionais envolvidos na intervenção precoce.

Guia prático para elaboração de um Plano Terapêutico Individualizado

Este exemplo de guia foi elaborado para facilitar a criação de um PTI. Ele pode ser utilizado por profissionais de diversas áreas, como psicólogos, fonoaudiólogos, terapeutas ocupacionais, psicopedagogos, entre outros. A ideia é que cada etapa seja preenchida de forma clara e objetiva, assegurando que todos os aspectos da intervenção estejam cobertos.

Plano terapêutico individualizado	
Dados da criança	
Nome:	
Nascimento/Idade:	
Responsáveis:	
Data da última avaliação:	Próxima avaliação:
Terapeuta responsável:	
Domínio do desenvolvimento: selecione se o objetivo é voltado para a área de linguagem, social, cognitiva, motora ou outra.	
Comportamento-alvo: descreva o comportamento ou habilidade que você deseja desenvolver ou modificar.	
Antecedente: indique a demanda ou a situação que desencadeia o comportamento desejado.	
Comportamento: defina claramente o comportamento ou habilidade que a criança deve realizar.	
Consequência: defina qual a contingência reforçadora do comportamento-alvo.	
Critério de aprendizagem: defina a frequência em que o comportamento deve ocorrer corretamente para ser considerado aprendido.	
Critério de generalização: descreva como a habilidade será generalizada para diferentes contextos, pessoas e situações.	
Suportes: estabeleça a escala de suporte (do maior para o menor ou do menor para o maior) que serão utilizados.	

Referências

BOSA, C. A.; TEIXEIRA, M. C. T. V. *Autismo*: avaliação psicológica e neuropsicológica. São Paulo: Hogrefe, 2017.

CORTEGOSO, A. L.; COSER, D. S. *Elaboração de programas de ensino*: material autoinstrutivo. São Carlos: EdUFScar, 2022.

DUARTE, C. P.; COLTRI E SILVA, L.; VELLOSO R. L. *Estratégias da análise do comportamento aplicada para pessoas com transtorno do espectro autista*. São Paulo: Memnon Edições Científicas, 2018.

GOMES, C. G. S.; SILVEIRA, A. D. *Ensino de habilidades básicas para pessoas com autismo*: manual para intervenção comportamental intensiva. Curitiba: Appris, 2022.

ROGERS, S. J.; DAWSON, G. *Intervenção precoce em crianças com autismo*: Modelo Denver para promoção da linguagem, da aprendizagem e da socialização. Lisboa: Lidel, 2014.

SELLA, A. C.; RIBEIRO, D. M. *Análise do comportamento aplicada ao transtorno do espectro autista*. Curitiba: Appris, 2018.

STEINBRENNER, J. R. *et al. Evidence-based practices for children, youth, and young adults with autism*. Chapel Hill: University of North Carolina at Chapel Hill, 2020.

WINDHOLZ, M. H. *Passo a passo, seu caminho*: guia curricular para o ensino de habilidades básicas. São Paulo: Edicon, 2017.

CAPÍTULO 17

Registro e coleta de avanços

A medição em Análise do Comportamento Aplicada (ABA, na sigla em inglês) consiste em identificar o comportamento que será medido, definir o comportamento em termos operacionais e selecionar um método adequado para observação e registro dos dados. Sem a medida precisa do comportamento, ficamos expostos a erros, como continuar um tratamento ineficaz ou suspender um tratamento eficaz. A medição comportamental é uma prática que atribui valores ao comportamento de interesse por meio de suas propriedades físicas: repetibilidade, duração e latência. Outras medidas físicas envolvem: intensidade e forma. Este capítulo se propõe a apresentar as principais medidas utilizadas em Análise do Comportamento Aplicada e como registrá-las.

André Barbosa Bezerra

ANDRÉ BARBOSA BEZERRA

CRP 153966

Psicólogo, especialista em Análise do Comportamento Aplicada (ABA), curso aprovado pela ABAI (registro: 4480 BCBA *4th edition*). Mestre em Educação pela Universidade Federal de Alagoas (UFAL), sua pesquisa foi voltada para a formação de professores, com ênfase no ensino de avaliação de preferências de alunos com transtorno do espectro autista (TEA). É analista supervisor certificado internacionalmente pelos conselhos QABA (QBA-13718) e IBAO (IBA-119915985). Membro fundador do Selo ABA e do Instituto de Ciências Comportamentais de Alagoas (ICCAL). Supervisor do Instituto Dimitri Andrade (PE) e autor do livro *VB-MAPP ilustrado: material de aplicação adaptado à realidade brasileira.*

Contatos: andre-psicologo@hotmail.com
Instagram: @andrebezerra.qba

A família Silva acompanha diariamente seu filho Miguel nas terapias multidisciplinares ofertadas na clínica de sua cidade. Lá, ao final de cada sessão, os profissionais costumam relatar: "Miguel foi muito bem hoje, ele está evoluindo!"; "Ele está ficando mais inteligente!"; "Ele diminuiu as birras!". Afirmações desse tipo tendem a cessar os questionamentos dos pais e trazem uma falsa sensação de conforto, pois, afinal de contas, segundo o relato diário dos profissionais, o Miguel está "melhorando". No entanto, esses relatos são vazios e não garantem, de fato, que Miguel está ou não evoluindo, pois não apresentam os tipos específicos de comportamento que têm evoluído (por exemplo: aumentou a quantidade de palavras lidas por minuto; aumentou de três para sete pedidos por itens preferidos na sessão ou diminuiu em 70% as tentativas de autolesivos). Além disso, evoluiu em relação a qual parâmetro? Houve evolução de quantas tarefas por sessão? Diminuiu o comportamento de agressão em quantos por cento em relação ao início do tratamento? Essas são questões que este capítulo se propõe a discutir.

Qualquer ciência é pautada na descrição, previsão e controle de seu objeto de estudo. A Análise do Comportamento Aplicada, do inglês *Applied Behavior Analysis* (ABA), é uma ciência que tem como objeto de estudo o comportamento. Ela é definida por sete dimensões, a saber: *analítica, aplicada, comportamental, conceitualmente sistemática, experimental, tecnológica e generalizada.* A dimensão analítica é definida justamente pela capacidade de comprovar seus resultados por meio da manipulação de variáveis ambientais (variáveis independentes) que afetam diretamente o comportamento (variável dependente) e, para tal, se faz uso da dimensão comportamental para mensurar de forma precisa seus resultados.

Medir e registrar comportamento é uma das características fundamentais da ABA (Baer, Wolf & Risley, 1968). Medir um comportamento compreende observar e registrar de modo quantificável, atribuindo valores (números) a uma dimensão do comportamento (Johnston & Pennypacker, 1993).

No entanto, o primeiro passo antes de definir uma medida de comportamento consiste em definir qual é o comportamento em questão que será alvo da intervenção. Para tal, devemos realizar uma boa definição operacional. Essa definição pode ser realizada em dois tipos: a) definição baseada no efeito da resposta sobre o ambiente físico, chamada de "descrições funcionais" (por exemplo, abrir a torneira); e b) definição baseada na topografia (por exemplo, utilizar a mão direita girando no sentido horário estando de pé e voltado para a frente da torneira) (Kang *et al.*, 2011).

A definição operacional deve ser: a) objetiva (dimensões observáveis do comportamento); b) clara (sem ambiguidades e analogias); c) completa (delimitar o que está incluído ou não na definição) (Cooper, Heron & Heward, 2020).

A medição do comportamento é essencial à prática clínica, com ela podemos estabelecer um marco inicial de como nosso aprendiz chegou ao consultório, escola ou o quanto nosso filho apresenta determinados comportamentos. A medição inicial do comportamento é denominada na literatura ABA por "linha de base"; essa medida inicial nos permite propor no Plano de Ensino Individual (PEI) expectativas de resultados a curto, médio e longo prazo. Além disso, é essencial no manejo de comportamentos interferentes, como em comportamentos heterolesivos, autolesivos, de destruição de propriedade e comportamentos repetitivos e estereotipados. Não existe terapia ABA sem a mensuração precisa do comportamento em questão. Essa mensuração pode ser feita de modo direto ou indireto (Figura 1).

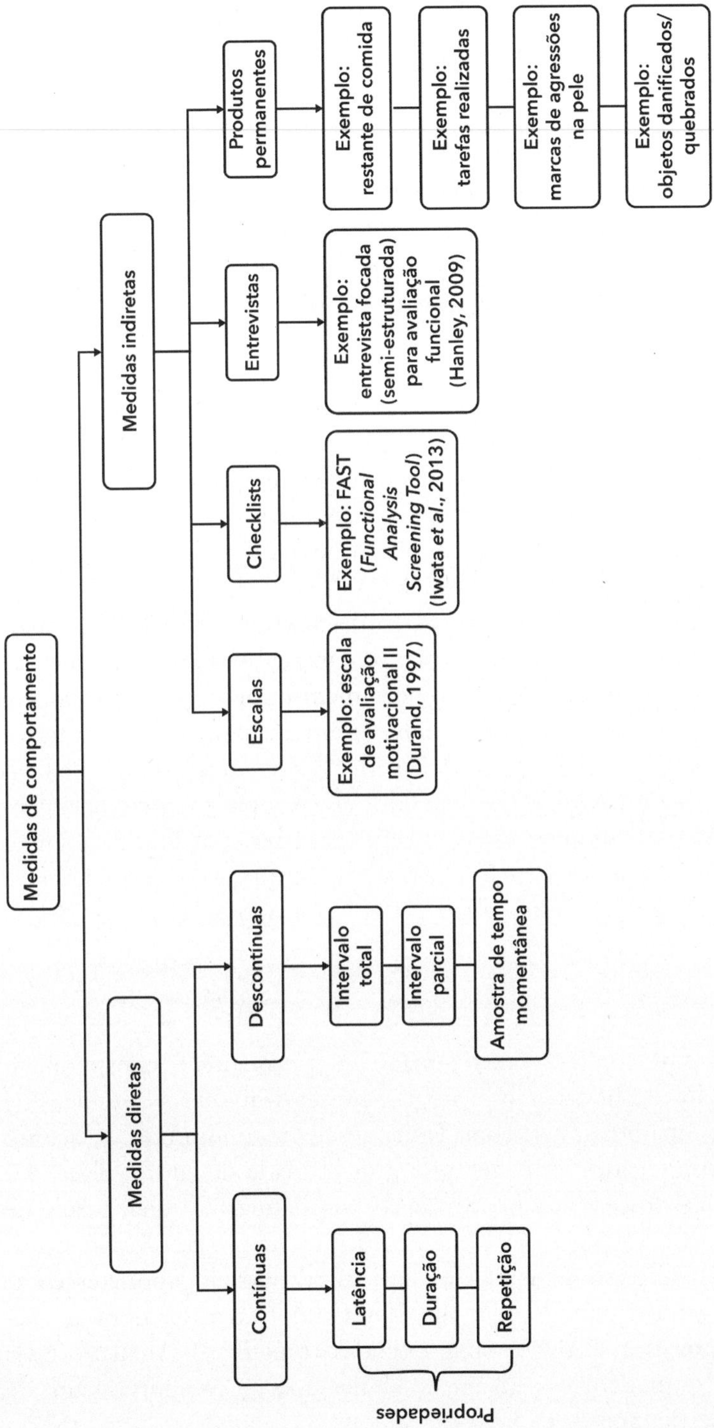

Figura 1: representação gráfica dos métodos de medidas do comportamento.

As medidas indiretas, como o nome já diz, são medidas realizadas indiretamente, sem o acesso ao comportamento em si, feitas por meio de entrevistas com professores, relato dos pais ou produtos permanentes desses comportamentos, por exemplo o número de tarefas realizadas em um dia na escola. Em casos de comportamentos autolesivos, poderíamos medir as marcas de comportamentos autolesivos deixadas no próprio corpo ou quantificar os itens danificados. No entanto, só devemos utilizar essas medidas em casos de comportamentos que ocorrem com baixa frequência, em que seria muito custoso em termos logísticos passar horas e dias esperando o comportamento ocorrer.

As medidas diretas dizem respeito à medida feita de maneira direta, ou seja, o professor, pai ou terapeuta registra presencialmente o comportamento acontecendo, como, por exemplo, o número de vezes em que o aluno respondeu às perguntas da professora ou o tempo em que o aprendiz ficou engajado em comportamentos de estereotipias vocais (ecolalias) durante a sessão do terapeuta. Vale ressaltar que, na literatura ABA, as medidas diretas têm maior validade, sendo preferível seu uso em detrimento das medidas indiretas (Iwata *et al.*, 2013; Paclawskyj *et al.*, 2001; Roscoe *et al.*, 2015; Canovas, 2024). No entanto, em algumas situações que impossibilitam o registro direto do comportamento, como, por exemplo, em comportamentos que são emitidos com baixa frequência, ou em contextos específicos, como na pandemia da Covid-19, podemos utilizar medidas indiretas. As medidas indiretas também são úteis para um conhecimento inicial acerca do comportamento, a fim de elaborar análises funcionais com condições experimentais específicas ou identificar possíveis itens de preferência que poderiam funcionar como “reforçadores” (Bezerra, 2017).

Dimensões do comportamento

O comportamento, como mencionado anteriormente, é o nosso objeto de estudo. No entanto, como analogia, supomos que o nosso objeto de estudo fosse uma bola de futebol. Poderíamos medir essa bola de acordo com suas propriedades, por exemplo: a quantidade de couro, plástico e borracha utilizados em sua fabricação, o seu diâmetro, a quantidade de libras (psi) que ela suporta, seu peso medido em gramas etc. Porém, nosso interesse é o **comportamento** e ele também possui suas propriedades: a) ele acontece em um período de tempo (**latência**); b) tem sua duração (**extensão temporal**); e c) pode voltar a ocorrer (**repetição**). A partir dessas três dimensões, podemos mensurar qualquer tipo de comportamento de modo preciso (Figuras 2a e 2b).

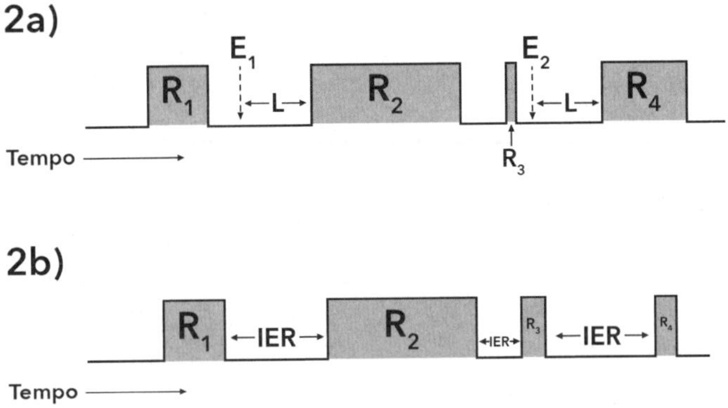

Figura 2: Representação esquemática dos tipos de comportamento.

Figura 2a.* Representação esquemática das dimensões quantitativas de repetição, duração e latência. A repetição é demonstrada em quatro casos de uma classe de resposta determinada (R1, R2, R3 e R4) dentro do período de observação. A duração de cada resposta é demonstrada pelos picos sombreados na linha do tempo. Um aspecto da latência é representado pelo intervalo de tempo (<-L->) entre a aparição de dois estímulos antecedentes (E1 e E2) e o início das duas respostas que os seguem (R2 e R4).

Figura 2b.* Representação esquemática de três Intervalos Entre Respostas (IER). O tempo é uma forma habitual de medir a latência que representa o intervalo de tempo entre o término de uma resposta e o início da seguinte.

**Adaptado de:* COOPER, J. O.; HERON, T. E.; HEWARD, W. L. Medición de la conducta. *In:* COOPER, J. O.; HERON, T. E.; HEWARD, W. L. *Análisis aplicado de conducta.* Espanha: ABA España Publicaciones, 2020. p. 78-82.

Medidas contínuas

Mas qual medida do comportamento devo utilizar (Figura 3)? A medida de **frequência** é indicada para comportamentos que possuem resposta discreta, ou seja, possuem início e fim bem definidos e com duração curta e constante (por exemplo: tapas, pedidos, comentários, chutes, cabeçadas etc.). No entanto, devemos evitar seu uso em comportamentos que ocorrem em alta frequência (por exemplo, estereotipias motoras e vocais). Segundo Kang (2011, p. 120): "As frequências obtidas em diferentes sessões de observação não podem ser comparadas de forma significativa se os tempos de observação forem desiguais [...]." Por exemplo, comportamentos de se levantar da cadeira na sala de aula medidos na aula de Português, que tem duração de duas horas (ex: 12 vezes), não podem ser comparados ao mesmo comportamento medido em uma aula de Geografia que tem duração de 60 minutos (ex: nove vezes). Para tal, se faz necessária a conversão desses valores em taxas (ex: aula de Português: taxa de um comportamento por dez minutos, e na aula de Geografia haveria 1,5 comportamentos por dez minutos), e de respostas por unidade de tempo (minutos, horas ou dias).

Medidas derivadas de frequência podem ainda ser utilizadas quando o comportamento-alvo for limitado a um número de oportunidades ou baseado em testes. Por exemplo: queremos medir as respostas vocais diante das iniciativas de interações de outros alunos com o nosso aprendiz. Dessa forma, em um dia de aula, as interações dos estudantes com o nosso aluno podem variar, mas, mesmo assim, podemos converter o número total de oportunidades em 100% e verificar a **porcentagem** de respostas do nosso aprendiz. Assim, se na terça-feira o aluno em questão respondeu a quatro de oito oportunidades totais, naquele dia ele terá uma frequência de 50% de acertos. A medida baseada em **ensaios até o critério** é recomendada quando queremos verificar qual dos métodos de ensino é mais eficaz para nosso aprendiz. Por exemplo: apresentando um conteúdo via apostila ou vídeo. A forma de registro desses dados é chamada de **registro de eventos**; ela é de fácil uso, pois descreve a ocorrência (codificada, a exemplo, por um) ou a não ocorrência de um comportamento (codificado, a exemplo, por zero). O registro pode ser feito com lápis por meio de palitos (ex: //// = 4) ou utilizando um contador manual.

A medida de **latência** pode ser escolhida quando o foco da intervenção for o tempo entre a apresentação de um estímulo antecedente e a resposta do aprendiz. Por exemplo, em casos de análise funcional de um comportamento heterolesivo, como o beliscar, poderíamos medir o tempo entre a apresentação de uma atividade e a ocorrência do beliscar e medir também, em outra condição experimental, o tempo entre a apresentação da atenção e a ocorrência do comportamento de beliscar. Outro exemplo de interesse, ao optar pela medida de **latência**, acontece em casos cujo objetivo é diminuir o tempo de engajamento entre a apresentação de uma atividade de Matemática e o início de sua realização, em atividades de autocuidado ou de seguimento de instruções realizadas pelos pais. Por exemplo: a diminuição do tempo entre a apresentação do almoço e o início da ingestão do alimento; a diminuição da **latência** entre a ordem da mãe para que o aprendiz vá tomar banho e a ida até o banheiro ou o tempo entre pausar o jogo de videogame e atender o pedido do pai. O **tempo entre respostas** é uma medida útil em intervenções com o foco em diminuir ou aumentar a taxa de resposta entre um comportamento e outro, como, por exemplo, diminuir o tempo entre levar uma colher com alimento até a boca e a próxima colherada.

Já a medida de **duração** é indicada quando o interesse reside no tempo de determinados comportamentos e não na sua taxa de ocorrência. Por exemplo, medir a quantidade de tempo de choro ou birra é mais indicado do que uma medida de frequência, pois um episódio de choro que dura dez minutos e outro que dura 40 segundos não fariam diferença em uma análise de dados de **frequência**, mas, na análise de **duração**, seriam tratados de forma bem diferente, tendo em vista sua importância ante a duração de cada um desses comportamentos. Medidas de duração costumam ser úteis quando queremos medir o tempo engajado em exercícios físicos, leitura, interação social, estereotipias vocais e motoras ou outros comportamentos que ocorrem em altas taxas. A medida de duração pode ser cumulativa, ou seja, por duração total por sessão, como, por exemplo, o tempo em que João ficou sentado na sala de aula durante a aula de Artes. O professor pode acionar um cronômetro quando João estiver sentado (primeiro episódio: João ficou sentado por dois minutos e dez segundos) e parar o cronômetro quando João, por qualquer motivo, se levantar. O professor deve acionar novamente o tempo quando João se sentar. Vale ressaltar que o cronômetro continua dos dois minutos e dez segundos; assim, se no segundo episódio João ficar sentado por cinco minutos seguidos, no cronômetro o tempo marcado estará em sete minutos e dez segundos.

A variação desse procedimento consiste em marcar o tempo de cada episódio e reiniciar quando surgir um novo episódio. Essa marcação é chamada de registro de **duração por ocorrência**. A medida de duração é contraindicada em casos em que múltiplas respostas são de interesse do terapeuta ou quando é necessário medir o comportamento de vários alunos ao mesmo tempo. Nessas situações precisamos utilizar outras ferramentas, as medidas descontínuas, como, por exemplo, a **amostra temporal momentânea**.

O registro das medidas de **duração, latência e intervalo entre respostas** é realizado com um cronômetro digital.

Medidas descontínuas

As medidas descontínuas são destinadas aos comportamentos que logisticamente impedem medidas contínuas (Kang *et al.*, 2011). Aqui, separamos intervalos para observação do comportamento de interesse. Esses intervalos de observações são divididos em pequenas unidades de tempos iguais, por exemplo: uma observação com duração total de um minuto pode ser dividida em seis intervalos de dez segundos cada. A partir disso, caso o comportamento ocorra em todo esse intervalo de dez segundos, podemos registrar sua ocorrência, mas, se o comportamento não persistir em todo esse intervalo de dez segundos, não iríamos registrar sua ocorrência, mesmo o comportamento aparecendo em quatro segundos dos dez totais. Esse tipo de registro de dados é chamado de registro de **intervalo completo** e seu resultado é apresentado em termos de porcentagem. O registro de **intervalo completo** é indicado para comportamentos não discretos ou apresentados em altas taxas. Outro tipo de registro considera a ocorrência sem levar em conta o tempo de sua ocorrência, marcando a ocorrência do comportamento pelo seu aparecimento, mesmo que só esteja presente em um segundo dos dez possíveis na análise dos mini-intervalos. Esse registro é chamado de **intervalo parcial** e o seu resultado também é apresentado em porcentagem. E, por último, temos o registro de **amostra momentânea** de tempo que registra o comportamento só em períodos específicos. Por exemplo, no mini-intervalo de dez segundos, o comportamento iria ser registrado só se ocorresse no final do período entre os segundos nove e dez. Ou seja, se o comportamento ocorresse só no intervalo entre o segundo um até o oito, o comportamento não seria registrado. As medidas descontínuas nos fornecem uma proporção da apresentação real do comportamento-alvo (Cooper, Heron & Heward, 2020).

Conclusão

As medidas de comportamento constituem uma ferramenta poderosa na intervenção terapêutica de qualidade. Com elas é possível definir novas metas e avaliar nosso trabalho com base nos resultados fidedignos da intervenção. Dimensões quantitativas, como a forma e a intensidade, por exemplo, da escrita de uma criança, podem oferecer outras possibilidades de mensurações do trabalho. Aos terapeutas, professores e pais cabe a missão de definir o comportamento de interesse de forma observável e selecionar o método mais adequado ao seu registro e coleta de avanços.

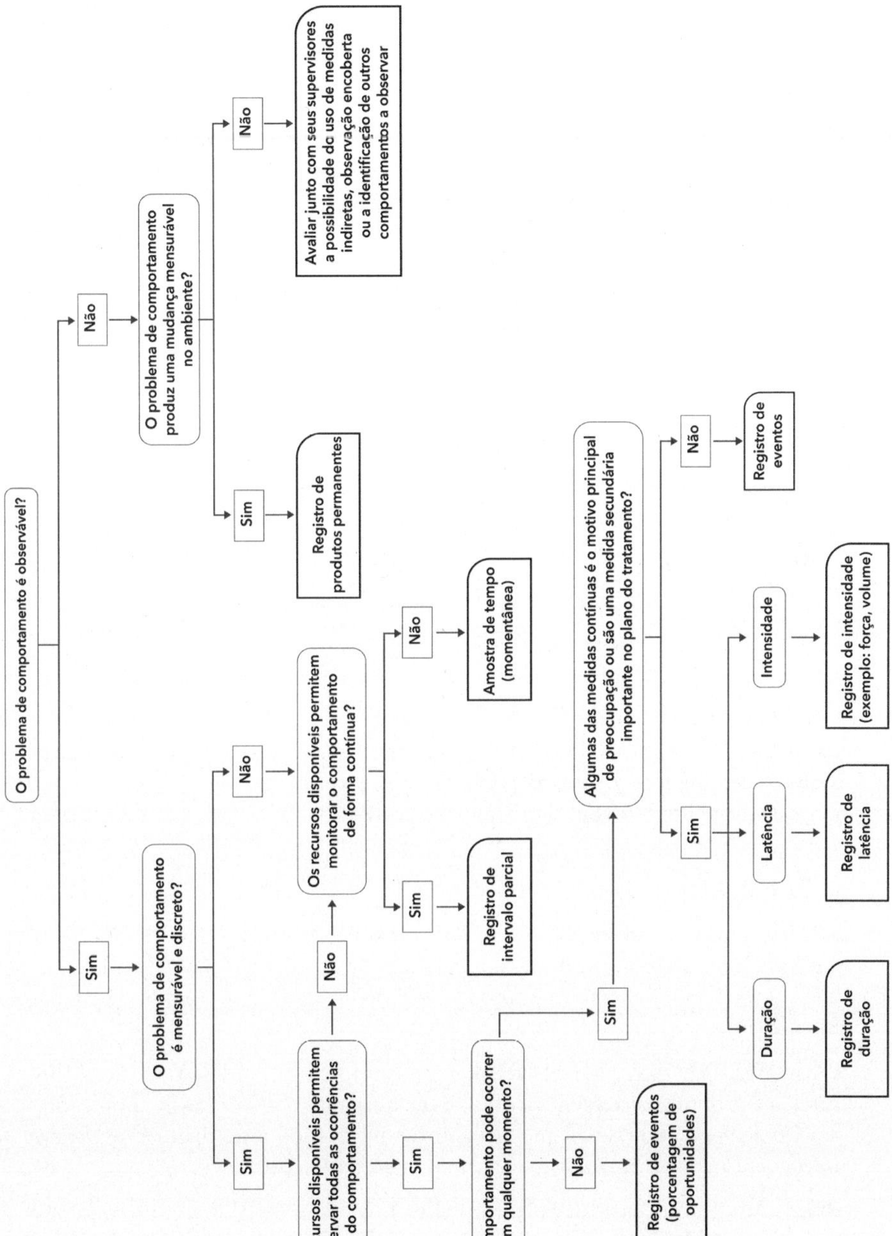

Figura 3. Modelo de tomada de decisões para selecionar os procedimentos de medida para um comportamento-problema. Adaptado de: COOPER, J. O.; HERON, T. E.; HEWARD, W. L. Medición de la conducta. *In:* COOPER, J. O.; HERON, T. E.; HEWARD, W. L. *Análisis aplicado de conducta.* Espanha: ABA España Publicaciones, 2020. p. 100.

Referências

BAER, D. M.; WOLF, M. M.; RISLEY, T. R. Some current dimensions of applied behavior analysis. *Journal of Applied Behavior Analysis*, v. 1, n. 1, p. 91, 1968.

BEZERRA, A. B. *Programa de formação de professores*: ênfase no ensino de avaliação de preferências das crianças com transtornos do espectro do autismo. Dissertação (Mestrado em Educação) – Universidade Federal de Alagoas, 2017. Disponível em: https://www.repositorio.ufal.br/handle/riufal/1777. Acesso em: 26 out. 2024.

CANOVAS, D. Escolha das medidas do comportamento. *In*: SELLA, A. C.; RIBEIRO, D. M. *Análise do comportamento aplicada ao transtorno do espectro autista*. 2. ed. Curitiba: Appris, 2024.

COOPER, J. O.; HERON, T. E.; HEWARD, W. L. *Análisis aplicado de conducta*. 3. ed. Espanha: ABA España Publicaciones, 2020.

COOPER, J. O.; HERON, T. E.; HEWARD, W. L. Medición de la conducta. *In*: COOPER, J. O.; HERON, T. E.; HEWARD, W. L. *Análisis aplicado de conducta*. Espanha: ABA España Publicaciones, 2020. p. 49-102.

DURAND, V. M. *The motivation assessment scale II*. [s.l.]: [s.n.], 1997.

HANLEY, G. P. *Entrevista focada (semiestruturada) para avaliação funcional*. 2009. Disponível em: https://practicalfunctionalassessment.com/wp-content/uploads/2015/06/portuguese-form.docx. Acesso em: 25 out. 2024.

IWATA, B. A.; DELEON, I. G.; ROSCOE, E. M. Reliability and validity of the functional analysis screening tool. *Journal of Applied Behavior Analysis*, v. 46, n. 1, p. 271-284, 2013. Disponível em: https://pubmed.ncbi.nlm.nih.gov/24114099/. Acesso em: 26 out. 2024.

JOHNSTON, J. M.; PENNYPACKER, H. S. *Strategies and tactics of behavioral research*. 2. ed. Hillsdale, NJ: Erlbaum, 1993.

KANG, S.; INGVARSSON, E. T.; QUIGG, A. M.; SECKINGER, K. E.; TEICHMAN, H. Defining and measuring behavior. *In*: FISHER, W. W.; PIAZZA, C. C.; ROANE, H. S. *Handbook of applied behavior analysis*. Nova Iorque: The Guilford Press, 2011.

PACLAWSKYJ, T. R.; MATSON, J. L.; RUSH, K.; SMALLS, Y.; VOLLMER, T. Assessment of the convergent validity of the questions about behavioral function scale with analogue functional analysis and the motivation assessment scale. *Journal of Intellectual Disability Research*, v. 45, n. 6, p. 484-494, 2001.

ROSCOE, E. M.; PHILLIPS, K. M.; KELLY, M. A.; FARBER, R.; DUBE, W. V. A statewide survey assessing practitioners' use and perceived utility of functional assessment. *Journal of Applied Behavior Analysis*, v. 48, n. 4, p. 830-844, 2015.

CAPÍTULO 18

Relatório

Etapas de um relato individualizado

Este capítulo explora a importância do registro sistemático no acompanhamento do desenvolvimento infantil e no suporte às famílias. A partir da observação inicial até a análise da conduta adotada, o relatório torna-se uma ferramenta essencial para gestão e tomada de decisões baseadas em dados. São apresentadas cinco etapas fundamentais que tornam este registro uma peça central na intervenção precoce. Essas etapas são organizadas de forma única, oferecendo um modelo prático e eficaz de documentação.

Clara Meneses

CLARA MENESES

É terapeuta ocupacional, publicitária e empreendedora. Dedica-se a famílias atípicas desde a adoção de sua irmã Luciana (*in memoriam*), com paralisia cerebral, e por sua própria vivência como neurodivergente. Clara fundou a clínica CONTIGO, já impactou mais de 400 famílias em todo o Brasil com seu método, que combina ciência, criatividade e significado. Conhecida por seus relatórios que registram jornadas desde a intervenção precoce à habilitação de um cotidiano funcional na vida adulta. Sua carreira envolve a busca pela melhor performance daqueles que têm o desenvolvimento infantil como propósito e pelo fortalecimento de famílias atípicas.

Contatos: eu.clara.meneses@gmail.com
Instagram: @aclarameneses

Antes de apresentar as cinco etapas, é relevante destacar a importância do registro, denominado relatório no contexto da intervenção precoce. Esse documento é uma oportunidade valiosa para refletir e registrar o trabalho desenvolvido. É sobre refletir diante do trabalho desenvolvido. Desde a nossa percepção inicial, temos o poder de revelar como podemos ajudar a família que busca assistência em nossa expertise e, além disso, também contribuímos para a análise assertiva e o aprimoramento das práticas adotadas. É necessário compreender: "para que fazemos", "para quem o destinamos", "por que eu o faço" e "quando o faço". Mas, antes disso, como lhes parece a ideia de refletir sobre essas perguntas? Poderia responder para si mesmo como é sua prática atual de registro? Ela ocorre de forma programada ou apenas quando a família solicita, antes da consulta com o neuropediatra?

Neste capítulo, acima de tudo, convido você para uma reflexão sobre como lida com o seu fazer terapêutico na intervenção precoce e quanta importância dá a esse registro. Garanto-lhe que, ao final destas páginas, você não será o mesmo.

Entendendo melhor os conceitos técnicos, apresento a diferença entre laudo, parecer e relatório. Os três estão presentes na intervenção precoce e possuem estruturas e objetivos distintos.

O laudo é um documento técnico-científico emitido por profissionais especializados após análise detalhada, com suporte de exames, testes e observações criteriosas. Ele oferece conclusões médicas, legais e/ou psicológicas, como o laudo diagnóstico que apresenta critérios e determina a classificação internacional de doenças (CID), fechando diagnósticos.

O parecer, por sua vez, tem caráter opinativo. Ele registra a opinião técnica de um especialista, baseada em seu conhecimento, sem a necessidade de uma investigação extensa, e tem como foco aconselhar ou orientar.

Já o relatório é uma descrição objetiva de fatos ou eventos observados, necessitando de estrutura e periodicidade. Pode conter dados conclusivos conforme as ferramentas de avaliação e objetivos comparativos. Sem a necessidade de emitir conclusões, esse registro serve para definir o marco zero e comparar, em análises avaliativas posteriores, os progressos da intervenção.

Uma vez entendido isso, avançamos paras as etapas que constituem um relato individualizado:

Etapas do relato individualizado

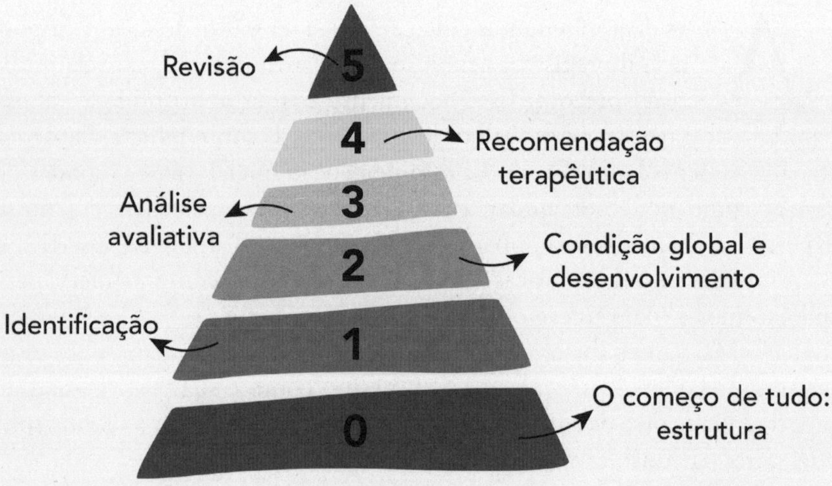

Etapa zero: o começo de tudo

Começamos a pensar na estrutura do relatório quando respondemos a algumas perguntas:

1. Para quê?
   Preciso de um registro para o início de uma intervenção ou comparativo de ciclos de intervenção.

2. Para quem? Destinarei o documento à família, à escola ou ao médico?
   A partir disso, temos o nosso marco zero da estruturação do relatório. Isso guiará sua escrita com maior segurança. Na minha prática profissional em supervisão de terapeutas, passei a compreender que a dificuldade de registrar consistia na dificuldade de executar a intervenção.
   A insegurança da prática terapêutica bloqueia a escrita científica do seu relatório. É impossível escrever um documento se você não sabe o que está fazendo de certo com a criança atendida.
   Então, respondidas essas perguntas, avançamos para mais dois questionamentos.

3. Por que eu o faço?
   Tudo que fazemos precisa de significado. O registro do seu trabalho não é diferente. O fazer significativo tem o poder de aprimorar sua escrita. Quando determinar porque faz este documento, sua entrega é diferente. Como por exemplo: "Preciso preparar este relatório porque a mãe me pediu". Ou: "Preciso saber em que dia a família levará a criança ao médico, preciso mostrá-lo como foi sua evolução na intervenção" ou "meu processo de trabalho envolve relatórios semestrais para a família, independentemente da demanda externa". Consegue acessar a diferença? A última pergunta diz respeito a se você julga importante ou não o ato de registrar seu trabalho.

4. Quando o faço?
   Diz respeito à periodicidade dos registros: quando a família ou a escola pede, ou fazê-lo é parte do seu protocolo? O time está diretamente ligado à ferramenta de avaliação que você usa, assim como o plano de intervenção aplicado. Por exemplo, na intervenção precoce reavaliamos a cada 12 semanas, e um novo relatório avaliativo é feito a cada processo avaliativo.

Com essas respostas, podemos então avançar para o relato propriamente dito. O propósito dessa etapa zero é conectar o profissional com a importância de descrever/apresentar/posicionar seu raciocínio clínico para além do atendimento direto.

Etapa um: identificação

Por se tratar de um documento técnico e que provavelmente seja lido por pessoas de diferentes especialidades, é importante que façamos uma identificação completa no início da estrutura do relatório. No tópico abaixo, são elencados os itens indispensáveis no cabeçalho do seu relato:

- Nome completo da criança.
- Data de nascimento da criança.
- Filiação (nome dos responsáveis).
- Diagnóstico ou hipótese diagnóstica (segundo o CID).
- Médico responsável.
- Autor do relatório.

Após a devida apresentação desses itens em formato de cabeçalho, a escrita inicia de fato. Um texto introdutório que posicione a finalidade do relatório deve compor o primeiro parágrafo e, em seguida, temos duas direções a seguir. A primeira seria descrever os motivos pelos quais a criança necessitou passar por uma avaliação; com isso, o relatório se caracteriza como de avaliação inicial, ou a segunda direção, que seria pontuar o período de reavaliação e o objetivo de mensuração de progresso.

Etapa dois: condição global de desenvolvimento

Em seguida, faz-se necessário pontuar qual a condição global de desenvolvimento da criança, que deve ser descrita mediante aplicação prévia de um instrumento de avaliação que contemple múltiplos componentes de desempenho: motricidade ampla e fina, imitação, cognição, jogos, independência pessoal e de tarefas, entre outros.

É importante, neste estágio do registro, posicionar a criança dentro do esperado para a idade e do que ela corresponde de acordo com esta avaliação. Isso vai nos conduzir a perceber os maiores prejuízos de desenvolvimento, como também as maiores potencialidades da criança e, assim, aplicar dentro de nossa especialidade uma avaliação mais direcionada.

Etapa três: análise avaliativa

Quando identificamos como iremos avaliar a criança de forma específica em nossa área (ou seja, determinar uma ferramenta avaliativa), é necessário haver, além da avaliação (dados, gráficos, respostas de questionários, resultados e afins), uma análise contendo a descrição do raciocínio clínico do terapeuta mediante os resultados. É nessa etapa que reside a oportunidade de esclarecer, por meio do registro, o que foi identificado, e em algum nível levantar hipóteses, estabelecer conclusões e então partir para o que deve ser feito.

Outra face desta etapa se dá no outro caminho, quando não se trata de um relatório pós-avaliação, mas sim de reavaliação. Nesse caso, é necessário ter os dados das avaliações anteriores datadas e os dados da atual. Assim, a análise seguirá o fluxo comparativo e crítico sobre os progressos existentes, possíveis estagnações ou até mesmo perda de habilidades no ciclo proposto.

Etapa quatro: recomendação terapêutica

Ao identificar informações iniciais por meio da entrevista com os pais, aplicar avaliação global e perceber as fortalezas e fraquezas do desenvolvimento da criança, e também exercer um raciocínio clínico mediante todas as informações, é chegada a hora de recomendar uma conduta a ser seguida.

Neste ponto, importa que constem o modelo, a abordagem, a técnica ou a ciência que julga adequada para o caso da criança. Informe a frequência/intensidade semanal da prescrição, assim como referencie suas recomendações com evidências científicas. No momento que vivemos, de recomendações aleatórias que expõem crianças e suas famílias a erros e caminhos duvidosos no desenvolvimento infantil, basear as informações na ciência é uma segurança para todos.

Etapa cinco: revisão

Já ouviu falar que o óbvio precisa ser dito? Pois então! Nesta etapa, faremos uma revisão. Iniciando com uma leitura de rastreio para identificar questões específicas de português (ortografia, gramática, concordância etc.), não é admissível que um terapeuta envie um documento com erros de linguagem escrita por não ter "lido" após finalizar. Isso refere o grau de comprometimento com aquilo que é registrado.

Depois disso, segue-se uma segunda leitura com o objetivo mais crítico em entender as correlações que você fez entre as etapas e perguntar a si mesmo: "Consegui fazer de forma significativa? Estou ajudando a pessoa que está lendo a compreender tudo de que necessite sobre a criança?". O seu relatório é o seu trabalho, é como você chega aos lugares mesmo sem estar presente.

Uma vez entendidos esses princípios, conseguimos atingir a estrutura de excelência que nosso trabalho merece ao ser lido e interpretado de diferentes óticas, mas, em todas, é alcançado o mesmo objetivo: oportunizar uma intervenção precoce com marcadores claros e registros eficientes para as tomadas de decisões.

CAPÍTULO 19

Plano Educacional Individualizado (PEI)

O Plano de Ensino Individualizado (PEI) é um documento que tem como objetivo garantir o direito à educação para o público-alvo da educação especial no Brasil. Neste capítulo, vamos abordar aspectos principais que devem ser considerados em um PEI e como elaborar cada um dos seus tópicos.

Frederico Sales

FREDERICO SALES

Iniciou sua carreira na educação dando aula para alunos desde a Educação Infantil até o Ensino Médio. Nos seus anos em sala de aula, percebeu que um público específico de aprendiz precisava de adaptações e um olhar especializado para o seu processo de aprendizagem. Foi então que iniciou seus estudos em Neurociência, Neuropsicopedagogia e Análise do Comportamento. Essas áreas o ajudaram a refinar as habilidades de dar aula, facilitando a aprendizagem desses alunos. Entretanto, acabou migrando para atendimento clínico e consultoria para escolas, potencializando a possibilidade de alcançar mais alunos que precisam de um olhar especializado para o seu aprendizado. Hoje, tem trabalhado com supervisão de profissionais e escolas, com o intuito de auxiliá-los na elaboração de uma educação verdadeira para os alunos de inclusão no Brasil, além de oferecer cursos com estratégias de ensino eficazes para professores e profissionais da saúde que atendem crianças com desenvolvimento atípico.

Contato: Instagram: @fredericosaless

O Plano de Ensino Individualizado (PEI) é um documento fundamental na garantia do direito à educação quando nos referimos a alunos de inclusão. Embora previsto em lei de maneira não tão clara, como pode ser visto na Lei de Diretrizes e Bases da Educação Nacional, especificamente no artigo 58 da Lei n. 9.394/1996, esse documento ainda não faz parte da realidade educacional brasileira como deveria (Tannús-Valadão & Mendes, 2018):

> "Os sistemas de ensino assegurarão aos educandos com deficiência, transtornos globais do desenvolvimento, altas habilidades ou superdotação:
> I – currículos, métodos, técnicas, recursos educativos e organização específicos, para atender às suas necessidades."

Nesse excerto, é possível perceber que existe a possibilidade de adequações necessárias aos alunos de inclusão, mas que isso é pouco operacionalizado de forma que garanta a aplicação da lei.

Na tentativa de tornar mais claras as necessidades e a inclusão de pessoas com deficiência, em 2008, institui-se a Lei Brasileira de Inclusão, que visa à garantia de direitos das pessoas com deficiência não só na educação, mas na sociedade como um todo. Nesse documento, em seu artigo 28, é possível mais uma vez ver a retomada das modificações necessárias aos alunos de inclusão:

> "VII – planejamento de estudo de caso, de elaboração de plano de atendimento educacional especializado, de organização de recursos e serviços de acessibilidade e de disponibilização e usabilidade pedagógica de recursos de tecnologia assistiva."

Apesar de dispositivos legais que garantem a elaboração e implementação do PEI, o que acontece na prática é uma produção homogênea desse documento (Tannús-Valadão & Mendes, 2018). Isso quer dizer que os documentos produzidos nas escolas são, em sua maioria, produções não focadas no sujeito, mas sim na instituição, para atender à legalidade. Para se aprofundar no tema, leia o artigo *Inclusão escolar e o planejamento educacional individualizado: estudo comparativo sobre práticas de planejamento em diferentes países*, de Valadão e Mendes.

Agora uma pergunta que pode surgir: quem tem direito ao PEI? Os alunos que são público-alvo da educação especial: alunos com baixa visão, cegueira, surdocegueira, deficiência auditiva, surdez, deficiência intelectual, deficiência física, deficiência múltipla, autismo, síndrome de Rett, transtorno desintegrativo da infância, altas habilidades/superdotação e quaisquer tipos de síndromes genéticas que afetem o desenvolvimento.

Uma vez feita uma breve introdução sobre o público-alvo e os aspectos legais do PEI, o intuito deste capítulo é oferecer um caminho para profissionais da educação e famílias de como fazer e o que precisa constar no PEI do estudante.

Como se trata de um documento complexo e extenso, ao longo das próximas páginas vamos sistematizar e dividir as partes do PEI para facilitar a compreensão. Os componentes fundamentais e indispensáveis são: identificação do aluno; avaliação inicial; metas e objetivos de ensino; recursos necessários; plano e estratégias de ensino e monitoramento.

Identificação do aluno

Nessa parte do documento, a escola fará um rastreio geral da história de vida do aprendiz; os familiares e cuidadores são fundamentais nesse momento.

Informações gerais e complementares precisam estar presentes para que se dê continuidade na elaboração do PEI:

- **Informações gerais**: nome completo da criança, data de nascimento, idade, gênero, nome do responsável legal, relação com a criança, endereço, contato e breve histórico médico.
- **Informações complementares**: rotina, integrantes da família e repertório geral da criança nas áreas do desenvolvimento (linguagem, motor, social, brincar, autocuidado e acadêmicas).

Avaliação

Após a coleta das informações gerais e complementares, os educadores precisam iniciar uma avaliação, que tratará de dados concretos sobre qual é o repertório do aprendiz nas áreas do desenvolvimento. Basicamente, temos duas formas de avaliar: observação direta e testagem. Em observação direta, o educador observa o aprendiz em vários contextos, registrando como ele se comporta em momentos de aula, intervalo, chegada, saída etc.

Na testagem, o educador solicita ao aprendiz que realize atividades acadêmicas e pré-acadêmicas que permitam averiguar o seu nível de proficiência e repertório. Existem vários protocolos que permitem a seleção do que é importante avaliar, tanto em observação quanto em testagem; cabe ao educador selecionar qual dos protocolos melhor atende às necessidades do aprendiz. Alguns exemplos de protocolo são: Verbal Behavior Milestones Assessment and Placement Program (VB-MAPP), The Assessment of Basic Language and Learning Skills (ABLS), Instrumento de Avaliação do Repertório Básico para Alfabetização (IAR), Checklist Denver.

Embora exista uma série de protocolos com validação científica, a escola tem liberdade para estruturar a sua forma de avaliar utilizando como base a conversa com os responsáveis da criança. Para elaborar a própria avaliação, o educador precisa pensar nos seguintes pontos:

- Idade cronológica.
- O que se espera para essa idade.
- Ano escolar do aprendiz.
- O que o aprendiz já sabe fazer.
- Descrever o que se quer avaliar no aprendiz (exemplo: responder a perguntas após a leitura de frases simples; identificar as partes do corpo; realizar problemas matemáticos simples de adição etc.).

Após analisar e estruturar a própria avaliação a partir dos pontos levantados, descrevendo o que se quer avaliar, o educador elabora as atividades que visam averiguar as habilidades avaliadas.

Metas e objetivos de ensino

Finalizada a avaliação, o próximo passo é analisar as informações colhidas e transformar os dados em objetivos de ensino. Para se definir objetivos de ensino, é preciso cumprir três critérios:

1. O objetivo precisa ser observável.
2. O objetivo precisa ser mensurável.
3. O objetivo precisa ser repetível (Alberto & Troutman, 2023).

Essas características vão garantir que os educadores consigam verificar o avanço dos estudantes em relação aos objetivos que lhes são estabelecidos.

Recursos necessários

Com os objetivos de ensino descritos e respeitando os critérios, é possível elencar quais são os materiais necessários para os objetivos serem alcançados. Novamente, é importante retomar a avaliação para saber quais são as condições do aluno. Por exemplo: o aprendiz consegue pegar um lápis para escrever ou apresenta uma dificuldade motora que o impossibilita de fazê-lo? O estudante não fala, então, como é possível extrair informações e conhecimento por parte dele?

Essas e outras questões precisam fazer da estruturação das atividades que ensinem o estudante em questão, respeitando suas potencialidades e dificuldades.

Plano e estratégias de ensino

Após a realização da avaliação, a listagem de materiais e os objetivos de ensino descritos, o próximo passo é organizar tudo isso dentro da dinâmica particular da escola, uma vez que cada escola apresenta o seu planejamento bimestral, trimestral, semestral ou anual. Isso ocorre porque a escola precisa estruturar os passos para alcançar os objetivos definidos para aquele estudante, utilizando estratégias de ensino eficazes (Steinbrenner *et al.*, 2020).

Sem essa organização, é muito provável que a escola não consiga atingir o que foi delimitado para o aprendiz, ocasionando uma falsa sensação de inclusão.

Monitoramento

Por fim, para assegurar que esse planejamento caminhe conforme o planejado, a escola deve estruturar uma forma de monitorar os avanços do estudante, sem a qual fica muito difícil saber o que o aprendiz está de fato aprendendo ou o que precisa ser reforçado (McDougale *et al.*, 2020).

É comum as escolas falharem nesse passo, devido à falta de estrutura na avaliação do progresso do aprendiz. Essa forma é muito particular da escola, já que algumas apresentam avaliações pontuais ou avaliações contínuas. Independentemente de como transcorre o monitoramento, o importante é a escola ter definido como fará o acompanhamento da aprendizagem desse estudante.

Conclusão

Como vimos, o PEI é um documento previsto em lei para todo aluno de inclusão, mas, infelizmente, muitos aprendizes não têm esse direito garantido na escola ou, se têm, trata-se simplesmente de um documento de "enfeite", ou seja, sem fins práticos para aprendizagem.

Nestas páginas, tentou-se sintetizar quais são os passos na elaboração de um PEI para que familiares e educadores tenham um norte tanto para cobrar como para produzir tal documento. É claro que muitos educadores ainda não têm a facilidade de estruturar todo esse documento, por isso, a ideia do capítulo é mostrar o que e como fazer cada um dos tópicos do PEI.

Para se aprofundar no assunto, procure as referências para elaboração deste capítulo; nelas é possível conhecer com detalhes cada tópico descrito anteriormente.

Referências

ALBERTO, P. A.; TROUTMAN, A. C. *Applied behavior analysis for teachers*. 9 ed. Boston: Pearson, 2023.

BRASIL. *Lei n. 9.394, de 20 de dezembro de 1996*. Estabelece as diretrizes e bases da Educação nacional. Diário Oficial da União, Brasília, DF, 23 dez. 1996. Disponível em: https://www.planalto.gov.br/ccivil_03/_ato2015-2018/2015/lei/l13146.htm. Acesso em: 29 out. 2024.

BRASIL. *Lei n. 13.146, de 6 de julho de 2015*. Institui a Lei Brasileira de Inclusão da Pessoa com Deficiência (Estatuto da Pessoa com Deficiência). Diário Oficial [da] República Federativa do Brasil, Brasília, DF, 07 jul. 2015. Disponível em: https://www.planalto.gov.br/ccivil_03/_ato2015-2018/2015/lei/l13146.htm. Acesso em: 29 out. 2024.

BRASIL. *Lei n. 13.146, de 6 de julho de 2015*. Institui a Lei Brasileira de Inclusão da Pessoa com Deficiência (Estatuto da Pessoa com Deficiência). Diário Oficial da União, Brasília, DF, 7 jul. 2015. Disponível em: https://www.planalto.gov.br/ccivil_03/_ato2015-2018/2015/lei/l13146.htm. Acesso em: 29 out. 2024.

COSTA, M. T. M. S.; ABREU, F. S. D.; SILVA, D. N. H. Crianças com deficiência visual e suas atividades criadoras: contribuições da perspectiva histórico-cultural. *Psicologia Escolar e Educacional*, v. 28, p. 1-13, 2024.

DUARTE, C. P.; COLTRI E SILVA, L.; VELLOSO R. L. (Orgs.). *Estratégias da análise do comportamento aplicada para pessoas com transtornos do espectro do autismo*. São Paulo: Memnon, 2022.

MAIA, P. S. *Instrumento de avaliação do repertório básico para alfabetização*. São Paulo: Vetor, 2017.

MCDOUGALE, C. B.; RICHLING, S.; LONGINO, E. B.; O'ROURKE, S. A. Mastery criteria and maintenance: a descriptive analysis of applied research procedures. *Journal of Applied Behavior Analysis*, v. 45, n. 2, p. 123-145, 2020.

ROGERS, S.; DAWSON, G. *Checklist curriculum do modelo Denver de intervenção precoce para crianças pequenas com autismo*. São Paulo, 2020.

STEINBRENNER, J. R. *et al.* *Evidence-based practices for children, youth, and young adults with autism*. Chapel Hill: The University of North Carolina at Chapel Hill/Frank Porter Graham Child Development Institute/National Clearinghouse on Autism Evidence and Practice Review Team, 2020.

SUNDBERG, M. L. *Verbal behavior milestones assessment and placement program*. 2 ed. Pleasant Hill: AVB, 2008.

SUNDBERG, M. L.; MCDONALD, B. T. *The assessment of basic language and learning skills*: ABLLS-R. 2 ed. Pleasant Hill: AVB, 2008.

SANTOS, K. S.; MENDES, E. G. Ensinar a todos e a todos e a cada um em escolas inclusivas: a abordagem do ensino diferenciado. *Teias*, v. 22, n. 1, p. 1-20, jan. 2021.

TANNÚS-VALADÃO, G.; MENDES, E. G. Inclusão escolar e o planejamento educacional individualizado: estudo comparativo sobre práticas de planejamento em diferentes países. *Revista Brasileira de Educação*, v. 29, n. 2, p. 101-124, mai./ago. 2018.

CAPÍTULO 20

Treinamento parental

Este capítulo aborda o treinamento de pais, ou coaching parental, no transtorno do espectro autista (TEA). Fundamentado nos princípios da aprendizagem de adultos, o coaching parental capacita famílias a desenvolver habilidades para integrar estratégias terapêuticas na rotina diária. São apresentados diferentes programas de coaching baseados em evidências, além de oferecer estratégias práticas para apoiar e aprimorar a atuação do profissional em sua prática clínica.

Michelle Procópio Villar

MICHELLE PROCÓPIO VILLAR

(CRFa 5-6914)

(CRP 01/12311)

É diretora clínica do Instituto Procópio. Fonoaudióloga e psicóloga, mestre e doutora em Ciências da Saúde – UNB/DF. Coaching parental – ESDM e *Hanen*. *Trainer* ESDM – Modelo Denver de Intervenção Precoce. UC Davis Mind Institute, University of California, Sacramento (EUA). Tem formação avançada no modelo Jasper – Kasari Lab, UCLA, com especialização em linguagem e motricidade orofacial. Palestrante sobre temas que envolvam desenvolvimento infantil, intervenção precoce e autismo e professora de diversos cursos de pós-graduação em todo Brasil. Em 2016, trouxe e organizou o primeiro workshop do modelo Denver de intervenção precoce no Brasil, difundindo sua eficácia. Em 2021, após anos de estudo e dedicação, recebeu pelo MIND INSTITUTE da Califórnia (EUA) o título de formadora oficial ESDM (modelo Denver de intervenção precoce) e, atualmente, é a única formadora ESDM do Brasil. Um de seus objetivos é compartilhar conhecimento e divulgar práticas baseadas em evidência para poder ajudar profissionais a levar intervenção de qualidade para as crianças e suas famílias.

Contatos: michelleprocopio@gmail.com
Instagram: @michelleprocopio

O treinamento parental é recomendado pelo tempo que crianças passam com cuidadores, permitindo mais estímulos no ambiente natural (Koegel *et al.*, 1996; Siller & Sigman, 2002). A curto prazo, pais tornam-se mais responsivos e crianças melhoram em termos de comunicação, imitação, engajamento social, brincadeira e redução de comportamentos interferentes. A longo prazo, há avanços sociais, redução de sintomas de autismo e maior comunicação (Guthrie *et al.*, 2023 & Vismara *et al.*, 2018).

O coaching parental é um processo em que o profissional, com expertise específica, utiliza estratégias de coaching para apoiar a família a refletir, reconhecer comportamentos, desenvolver novas habilidades, adotar estratégias para alcançar objetivos e realizar autoavaliações contínuas, em um ambiente de apoio, promovendo reflexões conjuntas sobre práticas e competências com feedbacks contínuos, de modo que o treinador é um especialista que utiliza um modelo contextual e princípios da aprendizagem de adultos (Rush & Shelden, 2020). Um exemplo é o fonoaudiólogo especialista em transtornos motores de fala e Comunicação Aumentativa e Alternativa (CAA) que, por meio do coaching, auxilia a família a melhorar a comunicação da criança. Juntos, identificam estratégias já utilizadas, analisam a comunicação da criança e elaboram um plano para que a família a estimule de forma eficaz.

Conforme Rush e Shelden (2020), a literatura de coaching destaca cinco características essenciais para alcançar resultados, sendo: **planejamento conjunto** (alinhamento entre profissional e família sobre ações realizadas nas sessões); **observação** (análise de ações ou práticas usadas como referência para desenvolver novas habilidades e estratégias); **ação/prática** (eventos reais, planejados ou espontâneos, que permitem à família praticar e aprimorar habilidades); **reflexão** (análise das estratégias para verificar alinhamento com evidências e decidir ajustes para atingir resultados); **feedback** (informações do profissional, baseadas em observações ou relatos, para ampliar entendimento e validar ações alinhadas aos objetivos).

O coaching, na primeira infância, segue dez princípios essenciais para uma aplicação eficaz (Rush & Shelden, 2020).

1. **Consistência com o princípio de aprendizagem de adultos**: o conhecimento deve ser relevante e aplicável, com a família como parceira no aprendizado e o profissional como facilitador para alcançar os objetivos.
2. **Desenvolvimento de capacidades**: o profissional fornece conhecimentos e habilidades para a família agir de forma independente, ajudando-a a reconhecer saberes, compartilhar ideias e aplicar reflexões para atingir os resultados desejados.
3. **Não diretivo**: o treinador não impõe ações, mas incentiva a família a refletir sobre suas práticas e intenções, equilibrando perguntas, feedback e instruções para fomentar análise e entendimento.
4. **Orientado por objetivos/focado em metas**: o coaching foca na conquista de metas específicas definidas pela família no início do processo, ajudando-a a alcançá-las de forma estruturada.
5. **Focado em soluções**: procura compreender o presente, buscando possíveis soluções a serem implementadas.
6. **Baseado em desempenho**: o coaching visa o desenvolvimento pessoal, focando no desempenho dos pais para que apliquem o conhecimento e habilidades adquiridos. A participação ativa e o engajamento da família são fundamentais para alcançar os objetivos definidos.
7. **Reflexivo**: no coaching, é essencial ajudar a família a entender suas ações e identificar mudanças necessárias. Reflexão, participação ativa e engajamento fortalecem competências e desenvolvem novas estratégias.

8. **Colaborativo**: é uma parceria colaborativa e recíproca, em que família e profissional compartilham conhecimentos e habilidades. O profissional oferece expertise, feedback e apoio, enquanto a família contribui com informações sobre a criança e implementa mudanças alinhadas à sua realidade.
9. **Contextualizado/baseado no contexto**: as metas são baseadas na realidade atual da família, garantindo que as ações planejadas em conjunto sejam relevantes e aplicáveis. O treinamento ocorre dentro das experiências reais da família.
10. **Prático na medida certa**: o papel do profissional ajusta-se às necessidades: no início, é ativo, compartilhando informações e feedback; depois, estimula reflexão e análise. Com a confiança da família, o feedback torna-se afirmativo, promovendo autonomia.

O coach deve identificar as prioridades dos pais no desenvolvimento dos filhos, avaliar seus conhecimentos e práticas, e compartilhar novas informações e ideias. O equilíbrio entre ensinar e promover a autodescoberta é crucial para melhores resultados (Rogers *et al.*, 2021).

O profissional colabora com a família, compartilhando conhecimentos sobre autismo, desenvolvimento infantil e estratégias, enquanto os pais oferecem informações sobre as habilidades, preferências e interesses da criança. Ao escutar, resumir e reafirmar, o profissional demonstra respeito e interesse pelos objetivos dos pais. A confiança mútua é essencial para que os pais se sintam seguros e receptivos ao coaching.

Há diversos programas de coaching parental para crianças com TEA, baseados em evidências e eficácia comprovada, com manuais e cursos de capacitação. A seguir, apresentamos alguns desses programas.

P-ESDM

O P-ESDM, desenvolvido por Sally Rogers, Laurie Vismara e Geraldine Dawson, baseia-se nos princípios do Modelo Denver de Intervenção Precoce (ESDM), unindo análise do comportamento aplicada e intervenção centrada no desenvolvimento e nas relações.

O objetivo do P-ESDM é que a família compreenda as necessidades de aprendizagem da criança e crie oportunidades de apoio nas rotinas diárias (Rogers *et al.*, 2021). Ele abrange diversas áreas do desenvolvimento, visando ampliar habilidades cognitivas, motoras, sociais e comunicativas em crianças pequenas.

A sessão de coaching parental é estruturada em ciclos de planejamento, observação, coaching, reflexão e avaliação, abordando dez temas: 1) atenção e motivação; 2) rotinas sociais sensoriais; 3) engajamento diádico e atividades conjuntas; 4) comunicação não verbal; 5) habilidades de imitação; 6) atenção conjunta; 7) desenvolvimento da fala; 8) modelo ABC (antecedente-comportamento-consequência); 9) *prompting*, modelagem e esvanecimento; e 10) avaliação funcional do comportamento para novas estratégias (Rogers *et al.*, 2019 & Vismara *et al.*, 2018).

RUBI

O *Research Units in Behavioral Intervention* (RUBI), desenvolvido por Karen Bearss, é um programa de treinamento parental para crianças com autismo e comportamentos interferentes. Ele ensina estratégias práticas para os pais gerenciarem esses comportamentos no dia a dia (Bearss *et al.*, 2015 & Burrell *et al.*, 2020).

Baseado na análise do comportamento aplicada, o programa aborda comportamentos interferentes em 11 sessões. Os primeiros encontros focam no modelo ABC (antecedente-comportamento-consequência), ensinando os pais a identificar a função do comportamento, antecedentes e consequências que o reforçam. As sessões seguintes apresentam estratégias para prevenir comportamentos interferentes, como gerenciamento de antecedentes e consequências adequadas. Nas últimas, o foco é ensinar habilidades como comunicação funcional e vida diária, garantindo generalização e manutenção dos ganhos ao longo do tempo (Bearss *et al.*, 2013, 2015). O ensino dos pais utiliza estratégias como instrução direta, vídeos, atividades práticas e encenação, acompanhadas de feedback para facilitar a aquisição de habilidades.

More than words – Hanen

O programa *More than words* é de uso exclusivo de fonoaudiólogos e foi desenvolvido no Hanen Centre, fundado em 1975 por Ayala Hanen Manolson, que descreveu a importância de envolver os pais na intervenção precoce da linguagem de seus filhos.

Focado em habilidades linguísticas, sociais e de alfabetização, o programa treina e apoia os pais para serem os principais facilitadores da comunicação dos filhos. Esse modelo inclui estratégias como identificar e acomodar as preferências sensoriais da criança para melhorar o aprendizado, seguir sua liderança quando apropriado, ajustar a fala ao nível da linguagem da criança, e utilizar música, livros e brinquedos para otimizar interação e aprendizado.

Estratégias práticas para auxiliar o profissional na implementação do coaching parental

- Estimular o processo reflexivo dos pais, destacando a relação entre os atos dos pais e os atos da criança.
- Promover reflexão, avaliação, planejamento e execução capacita os pais a aplicar o aprendizado do treinamento nas atividades diárias com seus filhos.
- Usar perguntas abertas facilita o processo reflexivo dos pais. As perguntas abertas podem começar com "o quê", "quando", "onde", "quem" e "como".
- Iniciar com uma reflexão e se tornar mais focada à medida que a conversa com os pais evolui. Exemplos: "Me pareceu que seu filho sorriu e se divertiu mais em determinada atividade. O que você fez para que isso acontecesse?".
- Perguntas para começar: "O que você acha que já está funcionando com seu filho? O que pode ser feito para melhorar essa situação?".
- Exemplos de perguntas que auxiliam o processo reflexivo: "Que comportamento adequado/comunicativo você vê seu filho adotando? Quando eles acontecem? Como você faz isso acontecer?".
- Desenvolver estratégias de estimulação que se integrem à rotina familiar e, junto com a família, identificar os momentos adequados para aplicá-las.

Modelo de ficha para orientar as atividades da família:

Entregar para a família e pedir para que preencha diariamente	
O que mais se destacou no momento que passei com meu filho hoje?	
Eu me senti competente sobre esses sucessos:	
Eu precisava de mais ajuda em:	
Meu plano para amanhã:	

Modelo para planejamento a ser preenchido em conjunto com a família:

O que está acontecendo agora? *Ex.: não obedece ao que foi pedido, não segue instruções...*			
O que você gostaria que acontecesse? *Ex.: obedecesse.*			
O que podemos fazer para isso acontecer?			
Ação?	Quando?	Quem?	Resultados
Usar frases curtas	Durante a alimentação	Mãe, pai e irmão	
Oferecer escolhas	Tomando banho		
Falar usando gestos	Ajudando nas tarefas de casa		

Referências

BEARSS, K.; JOHNSON, C.; HANDEN, B.; SMITH, T.; SCAHILL, L. A pilot study of parent training in young children with autism spectrum disorders and disruptive behavior. *Journal of Autism and Developmental Disorders*, v. 4, n. 43, p. 829-840, 2013. Disponível em: https://doi.org/10.1007/s10803-012-1624-7. Acesso em: 30 dez. 2024.

BEARSS, K. *et al.* Effect of parent training vs parent education on behavioral problems in children with autism spectrum disorder: a randomized clinical trial. *Journal of the American Medical Association*, v. 15, n. 313, p. 1524-1533, 2015. Disponível em: https://doi.org/10.1001/jama.2015.3150. Acesso em: 30 dez. 2024.

BURRELL, T. L. *et al.* Feasibility of group parent training for children with autism spectrum disorder and disruptive behavior: a demonstration pilot. *Journal of Autism and Developmental Disorders*, v. 11, n. 50, p. 3883-3894, 2020. Disponível em: https://doi.org/10.1007/s10803-020-04427-1. Acesso em: 30 dez. 2024.

GUTHRIE, W. *et al.* The earlier the better: an RCT of treatment timing effects for toddlers on the autism spectrum. *Autism*, v. 8, n. 27, p. 2295-2309, 2023. Disponível em: https://doi.org/10.1177/13623613231159153. Acesso em: 30 dez. 2024.

KOEGEL, R. L.; BIMBELA, A.; SCHREIBMAN, L. Collateral effects of parent training on family interactions. *Journal of Autism and Developmental Disorders*, v. 26, ed. 3, 1996.

ROGERS, S. J. *et al.* Enhancing low-intensity coaching in parent implemented early start Denver model intervention for early autism: a randomized comparison treatment trial. *Journal of Autism and Developmental Disorders*, v. 2, n. 49, p. 632-646, 2019. Disponível em: https://doi.org/10.1007/s10803-018-3740-5. Acesso em: 30 dez. 2024.

ROGERS, S. J.; VISMARA, L. A.; DAWSON, G. *Coaching parents of young children with autism*: promoting connection, communication, and learning. New York: Guilford Publications, 2021.

RUSH, D. D.; SHELDEN, M. L. *The early childhood coaching handbook*. Baltimore: Paul H. Brookes Publishing Co, 2020.

SILLER, M.; SIGMAN, M. The behaviors of parents of children with autism predict the subsequent development of their children's communication. *J Autism Dev Disord.*, v. 77, n. 2, p. 77-89, 2002. Disponível em: https://doi.org/10.1023/a:1014884404276. Acesso em: 30 dez. 2024.

VISMARA, L. A.; MCCORMICK, C. E. B.; WAGNER, A. L.; MONLUX, K.; NADHAN, A.; YOUNG, G. S. Telehealth parent training in the early start Denver model: results from a randomized controlled study. *Focus on Autism and Other Developmental Disabilities*, v. 2, n. 33, p. 67-79, 2018. Disponível em: https://doi.org/10.1177/1088357616651064. Acesso em: 30 dez. 2024.

CAPÍTULO 21

A qualidade da intervenção precoce no autismo

Sete pilares fundamentais para uma prática eficaz

Neste capítulo, abordo a importância de uma intervenção precoce de qualidade no transtorno do espectro autista (TEA), fundamentada em evidências científicas. Apresento os sete pilares essenciais que orientam uma prática eficaz, segura e assertiva, desde a avaliação inicial até a participação ativa da família e da escola. Ao final, ofereço um checklist prático para auxiliar terapeutas na implementação desses pilares em sua atuação profissional.

Alice Petry

ALICE PETRY

Psicopedagoga clínica infantil apaixonada pelo desenvolvimento infantil, tendo a avaliação como seu pilar profissional. Com formação em Análise do Comportamento Aplicada e ênfase em intervenção precoce no modelo naturalista, possui ampla experiência no atendimento de crianças com TEA. Antes de ingressar na área clínica, atuou como professora nas redes pública e privada, compreendendo os aspectos educacionais de diferentes perspectivas. Essa vivência permite que valorize a importância da instrumentalização da família e da escola para uma prática assertiva e de qualidade. A profissional atua com base em evidências científicas e está comprometida em promover intervenções de qualidade que valorizam a singularidade de cada indivíduo, dedicando-se a instrumentalizar a família para uma prática mais assertiva e linear.

Contatos: contato@alicepetry.com.br
Instagram: @alicepetry.psicopedagoga

Quando nos propomos a apoiar uma criança com transtorno do espectro autista (TEA), cada passo é crucial. O TEA é uma condição do neurodesenvolvimento caracterizada por dificuldades na comunicação e interação social, além de comportamentos restritos e repetitivos. Mais do que compreender definições técnicas, nosso foco é proporcionar à criança oportunidades para desenvolver todo o seu potencial.

Acredito que uma intervenção de qualidade se estrutura em **sete pilares fundamentais**, que detalharei a seguir. Esses pilares garantem uma intervenção assertiva, segura e eficaz, capaz de trazer resultados significativos à vida da criança e de sua família. As decisões que tomamos agora refletem diretamente no futuro, proporcionando às crianças uma vida mais autônoma e plena.

Para traçarmos um caminho seguro rumo aos objetivos terapêuticos, é imprescindível delinearmos a **linha de base** de cada criança. Precisamos compreender minuciosamente o ponto de partida a fim de planejar como chegaremos ao destino desejado. Isso envolve considerar as individualidades da criança e da família, alinhando expectativas e realidades.

É essencial reconhecer que a criança não está isolada em sua jornada. A família e a escola são ambientes em que ela passa a maior parte do tempo e desempenham papéis fundamentais em seu desenvolvimento. Por isso, é vital instrumentalizar e envolver esses parceiros no processo terapêutico, garantindo que as intervenções sejam consistentes e integradas em todos os contextos de sua vida.

Convido você a percorrer os sete pilares que considero essenciais para uma intervenção precoce de qualidade no TEA. Meu objetivo é oferecer uma visão prática e fundamentada, baseada em evidências científicas e no refinamento do raciocínio clínico, para juntos promovermos o desenvolvimento e a autonomia de cada criança.

Pilar 1: avaliação – onde estamos?

A avaliação inicial é o ponto de partida e alicerce de uma intervenção segura e eficaz. Sem sabermos de onde estamos partindo, não podemos traçar com precisão aonde queremos chegar. A avaliação é a linha de base da criança; é a partir dela que mensuramos a evolução, compreendemos a eficácia da intervenção e identificamos possíveis comorbidades ao longo do caminho, ajustando estratégias conforme necessário.

Utilizamos protocolos quantitativos e qualitativos, incluindo ferramentas de avaliação global e específicas de cada especialidade. Realizamos observação clínica detalhada e consideramos os critérios do ***DSM-5-TR*** para formular hipóteses diagnósticas, junto a escalas de rastreio para identificar precocemente sinais de TEA ou outros transtornos do neurodesenvolvimento. Compreender profundamente o ponto de partida nos permite mapear habilidades, desafios e necessidades específicas da criança.

Sem uma avaliação minuciosa, corremos o risco de implementar intervenções ineficazes ou que não atendam às reais necessidades da criança. Valorizamos esta etapa, investindo tempo e dedicação para considerar todos os aspectos do desenvolvimento, incluindo comunicação, interação social, comportamentos adaptativos e interesses específicos.

Pilar 2: objetivos mensuráveis – aonde queremos chegar?

Com base na avaliação inicial, estabelecemos objetivos claros, mensuráveis e alcançáveis, respeitando a singularidade de cada criança. Hierarquizamos esses objetivos, priorizando habilidades que servirão de base para o desenvolvimento de competências mais complexas, estruturando a intervenção de forma sistemática e eficiente.

É fundamental envolver a família nesse processo, alinhando expectativas e realidades. Sabemos que os familiares desejam progressos imediatos em áreas que consideram relevantes, mas cabe a nós, como profissionais, manter um olhar clínico fundamentado em evidências, orientando sobre as etapas necessárias para um progresso consistente.

Ao estabelecer os objetivos, dialogamos com a família para compreender suas necessidades e preocupações, explicando a importância de desenvolver primeiro certos pré-requisitos e habilidades básicas. Alinhar expectativas é essencial para garantir o engajamento de todos e evitar frustrações.

Pilar 3: plano de intervenção – como chegaremos lá?

Com a linha de base estabelecida e objetivos claros, é imprescindível elaborar um plano de intervenção personalizado, que funcione como um mapa, orientando os caminhos e estratégias para alcançar os objetivos e desenvolver o máximo potencial de cada criança. Esse plano proporciona segurança e assertividade no processo, garantindo que cada passo esteja alinhado com as necessidades e metas estabelecidas.

Para priorizar os objetivos de forma eficaz, consideramos a urgência e o impacto, dando prioridade a metas que têm efeito imediato na segurança, no bem-estar ou em habilidades essenciais da criança, como comportamentos de risco ou necessidades básicas não atendidas. Reconhecemos a sequência lógica dos objetivos, entendendo que alguns são pré-requisitos para outros; assim, se a criança tem dificuldades de comunicação, é fundamental desenvolver essas habilidades antes de focar em metas sociais mais complexas. Estabelecemos objetivos realistas e alcançáveis, considerando a viabilidade e evitando metas muito ambiciosas que possam gerar frustração; metas atingíveis promovem senso de conquista e motivação.

Ao escolher os objetivos, refletimos sobre habilidades generalizáveis, focando em competências aplicáveis em diferentes contextos que facilitem a adaptação e independência da criança. Priorizamos habilidades essenciais para o dia a dia, que impactam diretamente a rotina da criança e da família, aprimorando a qualidade de vida. Damos atenção a habilidades socialmente relevantes, que facilitam a interação social e a participação em atividades comunitárias. Além disso, desenvolvemos habilidades que são pré-requisitos para outras competências mais complexas no futuro, assegurando um desenvolvimento sólido e progressivo.

Pilar 4: relatório – comunicação clara e baseada em evidências

O relatório é o documento que registra todo o acompanhamento da criança, sendo mais do que um simples registro; é a história do desenvolvimento dela, escrita com base em evidências concretas. Não é baseado em achismos ou sentimentos, mas no que comprovamos por meio de avaliações e raciocínio clínico.

O relatório nos permite acompanhar o progresso, identificar novas necessidades e ajustar a intervenção conforme necessário. É uma ferramenta essencial para comunicar de forma clara e objetiva os resultados e as recomendações, tanto para a família quanto para outros profissionais envolvidos.

Ao elaborá-lo, buscamos comunicar de maneira empática e acessível, utilizando linguagem clara que todos possam compreender. Evitamos termos técnicos excessivamente complexos para garantir que pais, professores e demais profissionais compreendam de modo pleno as informações e orientações apresentadas.

Pilar 5: registro – monitoramento contínuo da intervenção

Para garantir que as intervenções sejam efetivas e verdadeiramente benéficas, é imprescindível registrar todo o processo terapêutico. Os registros são a prova concreta da evolução, permitindo acompanhar de perto o desenvolvimento e fazer ajustes necessários ao longo do caminho.

Documentamos o que foi realizado, como a criança reagiu, os progressos em relação aos objetivos estabelecidos e quaisquer interferências. Esses registros nos fornecem uma base sólida para analisar a eficácia das estratégias utilizadas, tomar decisões informadas, identificar padrões de comportamento, ajustar estratégias e celebrar conquistas. Além disso, os registros promovem transparência e fortalecem a comunicação com a família e outros profissionais envolvidos.

Pilar 6: participação da família – colaboração no processo terapêutico

A família é parte integrante e indispensável do processo terapêutico. Nenhuma intervenção será plenamente eficaz sem o envolvimento ativo daqueles que estão mais próximos da criança. A participação da família é essencial para potencializar os resultados e promover um desenvolvimento harmonioso.

Encorajamos a participação ativa da família, fornecendo orientações e estratégias que podem ser aplicadas no cotidiano. Sabemos que os pais e cuidadores têm um conhecimento vivencial sobre a criança. Ao unir nosso conhecimento técnico com a experiência diária da família, criamos uma sinergia que beneficia diretamente a criança.

Oferecemos suporte para que a família se sinta segura e confiante ao implementar estratégias em casa, incluindo:

- **Orientações práticas**: dicas e sugestões adaptadas à rotina familiar.
- **Educação e informação**: explicamos claramente os objetivos da intervenção, técnicas utilizadas e a importância de cada etapa.
- **Escuta ativa**: valorizamos as preocupações, dúvidas e sugestões dos familiares, ajustando a abordagem conforme necessário.
- **Suporte emocional**: reconhecemos os desafios emocionais que podem surgir e oferecemos apoio, celebrando conquistas e enfrentando dificuldades juntos.

A participação da família também promove a generalização das habilidades aprendidas, acelerando o progresso e tornando as conquistas mais significativas e duradouras.

Pilar 7: participação da escola – ambiente potencializador

A escola é um dos principais ambientes na vida da criança, desempenhando um papel crucial no desenvolvimento acadêmico, social e emocional. É um ambiente potencializador, onde ela interage com seus pares, desenvolve habilidades sociais e enfrenta desafios que promovem o crescimento pessoal.

Trabalhamos em parceria com os profissionais escolares para criar um ambiente que favoreça o desenvolvimento das habilidades da criança. Essa colaboração garante que as estratégias terapêuticas sejam integradas ao contexto escolar, promovendo a generalização das habilidades desenvolvidas.

Mantemos comunicação aberta e constante com a equipe escolar, compartilhando informações relevantes sobre o progresso da criança, estratégias eficazes e adaptações possíveis na sala de aula. Valorizamos o feedback dos professores, que nos oferecem insights importantes sobre o comportamento e desempenho em diferentes situações.

Dessa forma, o raciocínio clínico é o alicerce que sustenta todas as etapas da intervenção. Ele nos permite integrar conhecimento teórico, experiência prática e habilidades analíticas para oferecer o melhor atendimento possível dentro dos pilares de uma intervenção de qualidade baseada em evidências. É por intermédio dele que avaliamos cada situação de forma crítica, adaptamos estratégias às necessidades individuais e tomamos decisões fundamentadas.

Esse processo requer busca contínua por conhecimento e prática, além de trocas enriquecedoras com outros profissionais. Ao aprimorar o raciocínio clínico, podemos escolher adequadamente as avaliações mais pertinentes, interpretar os resultados com profundidade e elaborar estratégias eficazes e personalizadas.

Costumamos dizer que existem três formas de ser terapeuta:

- **Terapeuta café gelado**: representa o profissional que marca negativamente, com atuação fria e distante, sem resultados, baseada em achismos.
- **Terapeuta café morno**: simboliza o terapeuta indiferente, que não causa impacto significativo, não se lapida e isso se reflete em sua prática.
- **Terapeuta café quentinho**: acolhe, conforta e marca positivamente a experiência. Com dedicação, empatia e profissionalismo, faz a diferença na vida das crianças e de suas famílias. Alcança resultados por seguir os sete pilares e ter uma prática atualizada e baseada em evidências.

Nosso objetivo é ser o terapeuta "café quentinho", proporcionando intervenções que realmente impactem e transformem. Acreditamos que, ao estabelecer uma conexão genuína, baseada no respeito e na confiança, potencializamos os resultados da intervenção e contribuímos para o desenvolvimento pleno da criança e da família.

Ao longo deste capítulo, compartilhamos os sete pilares que consideramos essenciais para uma intervenção precoce de qualidade no TEA. Cada pilar é fundamental na construção de uma prática eficaz, assertiva, ética e centrada nas necessidades da criança e de sua família, baseada em evidências.

Convidamos você, profissional dedicado, a refletir sobre sua própria atuação: **será que está sendo o "café quentinho" na vida de seus pacientes? Está realmente oferecendo uma intervenção de qualidade?** Para auxiliar nessa reflexão, propomos uma autoavaliação a partir do **checklist dos sete pilares para intervenção de qualidade** apresentado ao final deste capítulo.

Ao nos empenharmos em aprimorar o raciocínio clínico, fortalecer nossos pilares e estabelecer conexões significativas, contribuímos para o desenvolvimento das crianças e para uma sociedade mais inclusiva e acolhedora. Os sete pilares validam e garantem uma intervenção precoce de qualidade baseada em evidências. Afinal, **as sementes que plantamos hoje são os frutos que colheremos no futuro**, resultando em vidas mais autônomas, plenas e felizes.

Ao transformar desafios em possibilidades, construímos juntos caminhos de desenvolvimento que levam cada criança a alcançar seu máximo potencial, com intervenções de qualidade e parcerias sólidas entre família, escola e profissionais.

"As intervenções que realizamos hoje são os frutos que colheremos no futuro, transformando desafios em possibilidades."
Alice Petry

Modelo prático – checklist dos sete pilares para intervenção de qualidade

Checklist: estou oferecendo uma intervenção de qualidade?

1. Avaliação

- Utilizei protocolos quantitativos e qualitativos?
- Realizei observação clínica detalhada?
- Considerei os critérios do DSM-5?
- Apliquei escalas de rastreio adequadas?

2. Objetivos mensuráveis

- Estabeleci objetivos claros e mensuráveis?
- Os objetivos são alcançáveis e individualizados?
- Defini metas a curto, médio e longo prazo?

3. Plano de ensino/intervenção

- Elaborei um plano personalizado?
- Considerei estratégias para promover funcionalidade e autonomia?
- Identifiquei os pré-requisitos para cada habilidade?

4. Relatório

- O relatório é claro, objetivo e compreensível?
- Apresenta análises baseadas em evidências?
- Fornece recomendações práticas e orientações para a família?

5. Registro

- Registrei detalhadamente cada sessão?
- Documentei comportamentos, reações e progressos?
- Identifiquei interferências externas?

6. Participação da família

- Envolvi a família no processo terapêutico?
- Ofereci orientações e estratégias para o cotidiano?
- Promovi um diálogo aberto e colaborativo?

7. Participação da escola

- Estabeleci parceria com profissionais escolares?
- Compartilhei estratégias para apoiar a criança na escola?
- Acompanhei o desenvolvimento da criança no ambiente escolar?

Reflexão final

- Estou fundamentando minha prática em evidências científicas?
- Estou mantendo meu conhecimento atualizado?
- Estou oferecendo um "café quentinho" em minha prática terapêutica?

CAPÍTULO 22

Estilos parentais e abordagens para a intervenção

Os estilos parentais começaram a ser explorados ainda no século XX por Diana Baumrind. Após esse período, houve diversos estudos com a temática, que popularizaram a definição de quatro estilos parentais: autoritário, indulgente, negligente e autoritativo – sendo este o ideal. Além dos estilos parentais, estuda-se também os modelos de educação, como por exemplo, a educação positiva, que fará sentido para algumas pessoas, e para outras, nem tanto. Podemos avaliar esses critérios sob diversos questionários e instrumentos de avaliação, porém o raciocínio clínico fará toda a diferença nas estratégias criadas para uma intervenção de qualidade.

Mária Virginia Miranda dos Santos

MÁRIA VIRGINIA MIRANDA DOS SANTOS

Psicóloga clínica infantil, orientadora parental e coordenadora de desenvolvimento global. Com 25 anos, se aproximou da área da parentalidade há menos de dois anos e encontrou seu propósito profissional: trazer qualidade de vida e bem-estar às famílias – principalmente atípicas – por meio de uma intervenção centrada na família, tornando a rotina prazerosa, divertida e construtiva. Além do interesse e da busca constante por atualizações, fez duas etapas do RUBI-PT, a certificação internacional de treinamento parental, e é pós-graduanda em parentalidade pela PUC-PR. É a filha, neta, prima, sobrinha e irmã mais velha, carrega o nome da família materna – em que são todos Mários e Márias. Sempre foi curiosa e desperta para assuntos dos quais outras pessoas da sua idade não queriam saber e, antes mesmo de cursar Psicologia, já havia lido *Princípios básicos da análise do comportamento*. Foi diagnosticada com transtorno de déficit de atenção e hiperatividade (TDAH) e altas habilidades/superdotação (AH/SD); e esse diagnóstico tardio a motiva a falar ainda mais sobre a importância do diagnóstico e da intervenção precoces.

Contatos: psimariavirginia@gmail.com
Instagram: @psimavii

História dos estilos parentais

Ao longo das décadas, a pesquisa sobre estilos parentais tem evoluído consideravelmente, com marcos importantes que definiram nossa compreensão das práticas de criação de filhos. Na década de 1960, a psicóloga Diana Baumrind conduziu um estudo seminal que identificou três estilos parentais distintos: autoritário, permissivo e autoritativo. A tipologia de Baumrind foi a base para muitas pesquisas subsequentes, que exploraram os impactos desses estilos na socialização e no desenvolvimento infantil.

Nas décadas seguintes, os pesquisadores expandiram a tipologia inicial de Baumrind para incluir o estilo negligente, identificado por baixa exigência e baixa responsividade. Estudos mais recentes também começaram a investigar as influências culturais, socioeconômicas e tecnológicas nos estilos parentais. Segundo Sang (2009), a parentalidade em culturas coletivistas tende a enfatizar o controle e a obediência, enquanto em sociedades individualistas há ênfase maior na autonomia e no autoaperfeiçoamento.

Além disso, a evolução tecnológica trouxe novas dimensões para a parentalidade, como o controle do uso de mídia e a supervisão digital.

Assim, a história dos estilos parentais é marcada por contínua evolução e adaptação às mudanças sociais, culturais e tecnológicas, com cada nova descoberta oferecendo insights valiosos para práticas parentais mais eficazes e adaptativas.

O que são estilos parentais?

Os estilos parentais são geralmente categorizados em quatro tipos principais: autoritário, autoritativo, permissivo e negligente. Esses estilos foram amplamente estudados em trabalhos científicos, e cada um deles tem diferentes implicações no desenvolvimento infantil.

O estilo **autoritário** é caracterizado pela alta demanda e baixa responsividade, em que os pais estabelecem regras rígidas e esperam obediência inquestionável. Crianças criadas sob esse estilo tendem a ser obedientes e proficientes, mas podem carecer de felicidade, competência social e autoestima. Em contraste, o estilo **autoritativo**, considerado o mais equilibrado, combina alta demanda com alta responsividade. Pais autoritativos estabelecem diretrizes claras, mas também oferecem suporte emocional e consideram o ponto de vista dos filhos. Esse estilo está associado a resultados mais positivos, como maior autoestima, melhores habilidades sociais e melhor desempenho acadêmico.

O estilo **permissivo**, por outro lado, é definido por baixa demanda e alta responsividade. Pais permissivos são indulgentes e evitam a confrontação, permitindo que seus filhos tenham grande liberdade de ação. Como resultado, essas crianças podem apresentar problemas de comportamento e dificuldades com a autoridade e a disciplina. Por último, o estilo **negligente** é caracterizado por baixa demanda e baixa responsividade, em que os pais são frequentemente distantes e desengajados. Esse estilo costuma ser relacionado a resultados negativos significativos, como fraco desempenho acadêmico, além de problemas emocionais e comportamentais.

Em suma, os estilos parentais têm impacto profundo e duradouro no desenvolvimento das crianças, influenciando sua saúde mental, seu desempenho acadêmico e suas relações sociais ao longo da vida. O entendimento dessas dinâmicas é essencial para ajudar pais e cuidadores na adoção de práticas que promovam o bem-estar e o desenvolvimento saudável das crianças.

Como usamos os estilos parentais na prática clínica

Os estilos parentais desempenham papel crucial na prática clínica do autismo, influenciando diretamente o desenvolvimento e bem-estar das crianças diagnosticadas com transtorno do espectro autista (TEA). Estudos científicos indicam que estilos parentais autoritários, permissivos ou negligentes podem ter impacto negativo no comportamento e nas habilidades sociais dessas crianças. No entanto, um estilo parental democrático ou autoritativo, caracterizado por uma combinação de afeto e disciplina, tende a ser mais eficaz. Esse estilo promove um ambiente estruturado e acolhedor, facilitando o desenvolvimento de habilidades sociais e emocionais. As intervenções baseadas nesse estilo encorajam pais a estabelecerem limites claros enquanto oferecem suporte emocional, ajudando a criança a desenvolver autonomia e resiliência.

Na prática clínica, os terapeutas infantis frequentemente utilizam os estilos parentais como componente essencial nas intervenções para o TEA. Programas de treinamento parental são desenvolvidos para educar e capacitar os pais na adoção de abordagens mais eficazes na criação dos filhos. Esses programas podem incluir técnicas de reforço positivo, estabelecimento de rotinas consistentes e estratégias de comunicação adaptativas. Ao envolver ativamente os pais no processo terapêutico, cria-se uma rede de suporte consistente entre a clínica e o ambiente doméstico, promovendo um desenvolvimento mais abrangente para a criança.

Dessa forma, a integração de estilos parentais apropriados na prática clínica do autismo não apenas melhora os resultados terapêuticos, mas também fortalece as dinâmicas familiares, criando um ambiente mais harmonioso e propício ao crescimento.

Por que devemos mensurar o bem-estar familiar de crianças diagnosticadas com TEA?

Mensurar a qualidade de vida e o bem-estar das famílias de crianças diagnosticadas com TEA é essencial por diversas razões. Primeiro, essas famílias com frequência enfrentam desafios singulares que podem afetar todos os membros, com questões desde emocionais e psicológicas até dificuldades financeiras e sociais. A presença de uma criança com TEA pode demandar ajustes significativos na rotina familiar, como a necessidade de terapias constantes, mudanças na dinâmica de trabalho dos pais e adaptação a comportamentos específicos da criança. Ao medir os impactos em questão, é possível identificar áreas críticas que necessitam de suporte adicional e, assim, direcionar os recursos e estratégias para as necessidades reais dessas famílias.

Além disso, a mensuração da qualidade de vida e bem-estar também pode conduzir à melhor compreensão das intervenções que efetivamente fazem diferença na vida dessas famílias. Programas de apoio podem ser desenhados ou ajustados com base em dados concretos, aumentando a eficiência e a eficácia das intervenções propostas. Com uma avaliação contínua, é possível monitorar o progresso e as mudanças ao longo do tempo, permitindo uma abordagem mais adaptativa e responsiva às necessidades dinâmicas das famílias. Dessa forma, não só se promove um ambiente mais acolhedor e estruturado para as crianças com TEA, mas também se fortalece o sistema de apoio aos familiares, garantindo que todos alcancem um nível mais alto de bem-estar e qualidade de vida.

Testagem de estilos parentais

A aplicação de instrumentos de testes sobre estilos parentais tem sido um campo de crescente interesse na Psicologia, com base em relatos científicos comprovados que destacam a importância do ambiente familiar no desenvolvimento infantil. Tais instrumentos permitem a avaliação dos comportamentos e atitudes dos pais em relação à educação e ao cuidado dos filhos, fornecendo uma análise detalhada sobre como diferentes estilos parentais influenciam o desenvolvimento emocional e comportamental das crianças. Segundo Freiria (2017), crianças criadas em um ambiente autoritativo, que equilibra rigor e apoio, tendem a apresentar melhores habilidades sociais e acadêmicas em comparação às que crescem em ambientes excessivamente autoritários ou permissivos.

Ademais, esses instrumentos de teste proporcionam subsídios importantes para intervenções e programas de orientação parental. Ao identificar padrões de comportamento que estejam associados a dificuldades no desenvolvimento infantil, profissionais de saúde mental e educadores podem adaptar suas abordagens a fim de promover melhores práticas parentais. Alguns questionários e inventários já são utilizados no Brasil, cada um com o seu direcionamento. Entre eles, destacam-se:

- Inventário de estilos parentais (IEP).
- Roteiro de entrevista de habilidades sociais educativas parentais (RE-HSE-P).

- Escala de socialização parental (ESPA29).
- Inventário de recursos do ambiente familiar (RAF).
- Inventário de práticas parentais (IPP).
- *Socialization goals inventory.*
- Programa de treinamento parental RUBI (RUBI-PT).

Agora vamos à prática!

Para iniciar, devemos ter uma anamnese bem elaborada e precisa, que mensure sobre o casal ou a relação dos pais, a gravidez, marcos do desenvolvimento, contextos familiares, como os pais foram criados, se a gravidez foi planejada, mensurar as emoções dos pais desde a gravidez ou do planejamento até o atual momento.

Após a anamnese, inicie com questionários para mensurar os dados de forma analítica quantitativa.

- Roteiro de entrevista de habilidades sociais educativas parentais (RE-HSE-P).
- Inventário de práticas parentais (IPP).
- Inventário de estilos parentais (IEP).

Além de mensurar os dados que compõem os questionários, o seu **raciocínio clínico** é o que mais importa, pois é ele que irá juntar o quantitativo ao qualitativo, a qualidade do desenvolvimento da criança, do tempo dos pais com as crianças, da escola e das atividades extras que elas fazem, assim como do ambiente familiar.

Durante a prática da orientação e treino parental, indico o uso de dois livros práticos, com atividades estruturadas:

- ***Habilidades da DBT para pais & filhos*** **(Dias e González)**: com abordagem na terapia comportamental dialética (DBT, na sigla em inglês), este livro ajudará o terapeuta a trabalhar o vínculo entre pais e filhos, compreender o que falta para que esse vínculo e bem-estar familiar sejam efetivos e, assim, planejar estratégias para melhorar a dinâmica em questão.
- ***O livro da raiva para crianças*** **(Kress)**: possui atividades para ensino e amadurecimento emocional nas crianças, de forma lúdica e que

possa ser adaptada para diversas idades. Ele tem a raiva como ponto de partida, no entanto, trabalha diversas emoções/sentimentos, favorecendo o ensino generalizado.

Olha aonde chegamos...

A parentalidade e os estilos parentais são uma temática recente na intervenção precoce. Anteriormente, em diversos tipos de terapias, os pais não eram autorizados a participarem das sessões, assim como não eram orientados sobre as práticas na rotina, mantendo-se em dúvidas, com a qualidade de vida desajustada e com problemas recorrentes na vida diária.

Hoje, sob a ótica das abordagens centradas na família e práticas baseadas em evidências, como: Intervenção mediada por cuidadores, videomodelação, suportes visuais, Intervenção baseada em antecedentes, avaliação funcional do comportamento, RUBI-PT; é possível integrar os pais às intervenções, orientá-los e treiná-los com estratégias de qualidade e ter um aumento significativo no desenvolvimento da criança, assim como na qualidade de vida da família, com a evidente redução dos comportamentos interferentes.

Você pode mudar a vida das famílias que lhes confiam o desenvolvimento da criança com uma prática baseada em evidências científicas e que favorece um bem-estar familiar de qualidade.

Referências

FREIRIA, M. H. da. *Relações parentais e a prevenção ao uso de drogas*: contribuição piagetiana. 2017. 226 f. Dissertação (Mestrado em Educação) – Universidade Estadual Paulista (Unesp), Faculdade de Filosofia e Ciências, Marília, 2017.

DIAS, M.; GONZÁLEZ, C. *Habilidades da DBT para pais & filhos*. Novo Hamburgo: Synopsis, 2024.

KRESS, C. *O livro da raiva para crianças*. Porto Alegre: Artmed, 2023.

SANG, E. R. *Estilos de apego e bem-estar psicológico em adolescentes colegiais*: influência de gênero e etnia (oriental vs ocidental). 2009. 140 f. Dissertação (Doutorado em Psicologia) – Universidade de São Paulo (USP), São Paulo, 2009.

CAPÍTULO 23

Práticas Baseadas em Evidências (PBEs) no autismo

Práticas Baseadas em Evidências (PBEs) destacam-se no tratamento do TEA, influenciando famílias que buscam qualidade no atendimento e prestadores em busca de capacitação. Elas oferecem suporte empírico, evitando falsos milagres e profissionais oportunistas. Muitas práticas eficazes baseiam-se na Análise do Comportamento Aplicada (ABA), conseguindo reduzir comportamentos indesejados e desenvolver novos repertórios.

Guilherme Guedes Reis

GUILHERME GUEDES REIS

Psicólogo, professor e supervisor em Análise do Comportamento Aplicada (ABA) ao transtorno do espectro autista (TEA) com experiência internacional. Mestre em Análise do Comportamento (PUC-SP). Especialista em Análise do Comportamento Aplicada ao TEA (UFSCAR). Especialista em Terapia Cognitivo-Comportamental (CETCC-SP). Experiência de oito anos com gestão de equipes multidisciplinares, avaliação comportamental e ensino de habilidades no tratamento do TEA.

Contatos: guilhermeguedesreis@gmail.com
Instagram: @guigreis

Ao discutir sobre o transtorno do espectro autista (TEA), muitas pessoas conhecem tratamentos e terapias propostos para ajudar esses indivíduos e suas famílias. Porém, o senso comum ainda prevalece, sugerindo que soluções funcionais individuais se aplicam a todos. Famílias de pessoas com TEA, muitas vezes em situação de vulnerabilidade, são alvos de propostas de tratamentos "milagrosos" prometendo cura. A Prática Baseada em Evidências (PBE), em força contrária, vai propor decisões clínicas baseadas pela expertise profissional, respeitando o contexto do paciente e usando evidências científicas sólidas (Slocum *et al.*, 2014).

O que são Práticas Baseadas em Evidência (PBEs)?

O movimento das PBEs surgiu nos anos 1960, no campo médico (Slocum *et al.*, 2014). Archie Cochrane e colegas perceberam a falta de práticas clínicas baseadas na ciência. Iniciaram-se assim revisões sistemáticas da literatura sobre várias condições e doenças para identificar o que seriam as práticas mais confiáveis (Sackett *et al.*, 1996). Há três dimensões principais que compõem uma PBE: 1) evidência científica; 2) individualidade do paciente (valores/preferência); e 3) expertise profissional (vide Figura 1).

Dentro dessa área, a PBE é usualmente representada por três pilares centrais, conforme a ilustração a seguir:

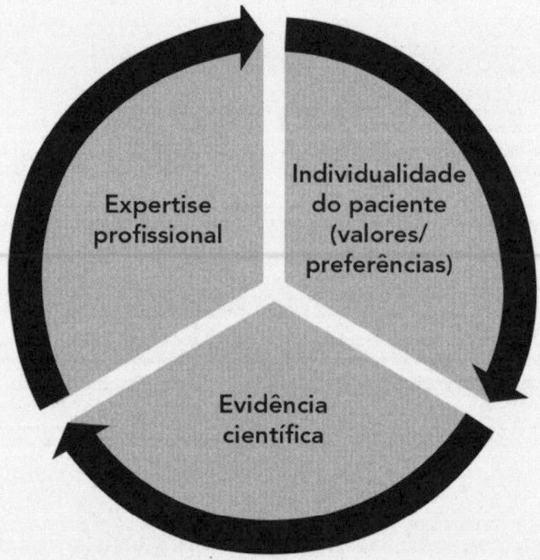

Figura 1: Dimensões das PBEs
Fonte: imagem elaborada pelo autor.

Expertise profissional

A expertise profissional inclui proficiência e capacidade técnica adquiridas por meio de formação acadêmica, experiência clínica e práticas supervisionadas. Slocum *et al.* (2014) descrevem que a expertise envolve identificar questões comportamentais importantes para intervenção, avaliar as evidências que a suportam e aplicá-las em diversos contextos. Além disso, todas as decisões precisam respeitar os valores do cliente (*Behavior Analyst Certification Board*, 2020). De forma geral, uma PBE não vale muito sem um profissional capacitado para aplicá-la.

Evidência científica

Um ponto central são as pesquisas clínicas com qualidade na evidência, analisadas em duas dimensões: 1) Relevância da evidência, que envolve seu papel na tomada de decisão clínica; 2) Certeza da evidência, que avalia a relação entre uma variável independente (tratamento, metodologia, medicação) e a variável dependente (a condição a ser intervinda) (Slocum *et al.*, 2014).

É importante destacar que uma pesquisa que gera evidência científica confiável segue processos rigorosos de validade externa e interna. A validade externa refere-se à aplicação dos resultados em situações sociais semelhantes às estudadas. Já a validade interna cuida de aspectos metodológicos, como a seleção e manuseio dos participantes, qualidade da variável dependente, fidelidade do tratamento e minimização de variáveis externas (Slocum *et al.*, 2014; Johnston & Pennypacker, 2010).

Individualidade do paciente (valores/preferências)

O campo dos valores e preferências do indivíduo ocupam um lugar de destaque durante a pesquisa e a intervenção (Sackett *et al.*, 1996). O próprio termo "aplicado" se refere à possibilidade da mudança imediata na realidade prática da pessoa (Baer *et al.*, 1968), ou seja, melhorar sua qualidade de vida. Para além disso, o assentimento durante o processo de pesquisa e/ou intervenção, definido pela condição do sujeito em validar os objetivos e procedimentos propostos (Slocum *et al.*, 2014).

Em termos de validação social, Wolf (1978) sugeriu que o pesquisador pode abordá-la em três níveis: 1) o significado social dos objetivos; 2) a desejabilidade social sobre os procedimentos propostos e 3) a importância dos resultados. Esses níveis objetivam trazer os participantes de pesquisa/intervenção para o centro do processo como sujeitos ativos e importantes.

TEA, PBEs e Análise do Comportamento Aplicada (ABA)

Atualmente, o TEA é uma das condições humanas mais amplamente discutidas na ciência (Steinbrenner *et al.*, 2020). As características diagnósticas do TEA incluem: dificuldades na comunicação, interação social e comportamentos restritos e repetitivos (Associação Americana De Psiquiatria – APA, 2014). O aumento na prevalência do autismo intensificou a demanda por ações educacionais e serviços terapêuticos mais eficazes (Steinbrenner *et al.*, 2020).

Em 2020, a National Clearinghouse on Autism Evidence and Practice (NCAEP) lançou a terceira edição de uma revisão sistemática sobre intervenções eficazes para crianças e jovens com autismo (Odom *et al.*, 2010; Wong *et al.*, 2015). Essa publicação é uma continuidade das revisões do National Professional Development Center (NPDC), que compilaram artigos de 1997 a 2011, enquanto o NCAEP incorporou pesquisas de 2012 a 2017, analisando metodologias variadas e seus resultados (Steinbrenner *et al.*, 2020).

Para ser incluído na revisão, o estudo precisava ser de natureza comportamental, clínica, desenvolvimental e/ou educacional, permitindo aplicação prática em contextos comunitários (Steinbrenner *et al.*, 2020). Dos 61.147 estudos levantados, 567 foram selecionados por apresentarem efeitos positivos em intervenções para TEA. Isso resultou na classificação de 28 práticas com suporte empírico de qualidade. Dentre essas, 20 são baseadas na Análise do Comportamento Aplicada (ABA).

A ABA foi descrita como uma nova área que fornece evidências clínicas sólidas ao desenvolvimento atípico e o TEA. Os princípios das PBEs estão relacionados às diretrizes da ABA, como a definição objetiva de comportamentos socialmente significativos e a demonstração da relação entre intervenções e melhorias comportamentais por métodos científicos (Slocum *et al.*, 2014). Ou seja, a ABA deve ser analítica: demonstrar a relação funcional entre eventos manipulados e o comportamento modificado a partir de algum parâmetro mensurável (Cooper *et al.*, 2017). Foram selecionadas oito PBEs baseadas em ABA que, entre 1990 e 2017 (Steinbrenner *et al.*, 2020), geraram ao menos 40 estudos que evidenciam sua eficácia em intervenção com TEA.

Prática	**Definição**	**Quantidade de estudos (1990–2017)**
Intervenções Baseadas no Antecedente (ABI)	Práticas destinadas a prevenir a ocorrência de problemas comportamentais a partir de uma organização e manipulação do ambiente ao redor. Por exemplo: reforçamento não contingente (NCR), enriquecimento e outros arranjos baseados na manipulação da Operação Motivadora (Higbee *et al.*, conforme citado por Sella & Ribeiro, 2018).	49 estudos
Reforço diferencial de comportamento alternativo/incompatível ou outro	Estratégia que envolve reforçar uma classe de respostas alternativas, incompatíveis ou outras formas, extinguindo assim o reforço para a classe de respostas que não está sendo reforçada (Cooper *et al.*, 2017).	58 estudos
Intervenções naturalísticas (NI)	São intervenções que ocorrem preferencialmente no ambiente natural do aprendiz, facilitando a aquisição do comportamento verbal e promovendo a generalização. O foco está mais na emissão natural do comportamento do que em padrões repetitivos de respostas e reforços arbitrários (Coelho *apud* Sella & Ribeiro, 2018).	75 estudos
Intervenção Implementada pelos Pais (PII)	Procedimento em que as principais pessoas a aplicar são os responsáveis. Os pais e cuidadores são previamente treinados por profissionais por meio de diferentes métodos, como: instruções, discussões, treinamento, feedbacks, entre outros (Dunlap *et al.*, 2006).	55 estudos
Intervenção implementada por pares	É uma intervenção em que uma criança ou grupo, escolhidos com base em: vínculo ou afinidade, bem como equiparação de idade ou nível de desenvolvimento, são orientados a realizar intervenções entre si sem a presença direta de um adulto (Odom & Strain, 1984).	44 estudos

Dicas	Práticas que proporcionam estímulos extras para aumentar a probabilidade de o aprendiz emitir a resposta correta durante o ensino, como gestos, modelos visuais, toques físicos ou instruções verbais adicionais (Coltri, Silva & Matsumoto *apud* Duarte, Silva & Velloso, 2018).	140 estudos
Treino de Habilidades Sociais (HS)	Intervenções comportamentais planejadas que visam aumentar comportamentos de interação física, participação em ambientes comunitários, comportamento de grupo e verbal entre pares (Del-Prette & Del-Prette, 2017).	106 estudos
Vídeo Modelação	Uma prática que envolve a apresentação de um vídeo no qual um profissional demonstra um comportamento, ou uma sequência de comportamentos, que devem ser emitidos pela pessoa que está assistindo (Guimarães *et al.*, 2018).	97 estudos

Tabela 1: práticas e suas definições. Fonte: elaborada pelo autor.

Considerações finais

O TEA e outros transtornos do neurodesenvolvimento demandam elevada responsabilidade dos profissionais que atuam com esse público. As PBEs evoluem constantemente, assim como devem evoluir os profissionais que as aplicam. Atualizar-se e oferecer intervenções científicas e responsáveis para o TEA é mais do que um diferencial, e sim uma obrigação.

Referências

AMERICAN PSYCHIATRIC ASSOCIATION. *DSM-5*: manual diagnóstico e estatístico de transtornos mentais. Porto Alegre: Artmed, 2014.

BAER, D. M.; WOLF, M. M.; RISLEY, T. R. Some current dimensions of applied behavior analysis. *Journal of Applied Behavior Analysis*, v. 1, n. 1, p. 91, 1968.

BEHAVIOR ANALYST CERTIFICATION BOARD. *Guidelines for responsible conduct for behavior analysts*. 2020. Disponível em: http://www.bacb.com/index.php?page=57. Acesso em: 11 nov. 2024.

COOPER, J.; HERON, T.; HEWARD, W. *Applied behavior analysis*. Londres: Pearson, 2017.

DEL-PRETTE, Z. A. P.; DEL-PRETTE, A. Habilidades sociais e análise do comportamento: proximidade histórica e atualidades. *Perspectivas em análise do comportamento*,

v. 1, n. 2, p. 104-115, 2017. Disponível em: https://doi.org/10.18761/perspectivas.v1i2.33. Acesso em: 30 out. 2024.

DUARTE, C. P.; COLTRI E SILVA, L.; VELLOSO R. L. *Estratégias da análise do comportamento aplicada para pessoas com transtorno do espectro do autismo*. São Paulo: Memnon Edições Científicas, 2018.

GUIMARÃES, M. S. S. *et al.* Treino de cuidadores para manejo de comportamentos inadequados de crianças com transtorno do espectro do autismo. *Revista Brasileira de Terapia Comportamental e Cognitiva*, v. 20, n. 3, p. 40-53, 2018. Disponível em: https://rbtcc.com.br/RBTCC/article/view/1217. Acesso em: 30 out. 2024.

JOHNSTON, J. M.; PENNYPACKER, H. S. *Strategies and tactics of behavioral research*. Oxfordshire: Routledge, 2010.

ODOM, S. L.; COLLET-KLINGENBERG, L.; ROGERS, S.; HATTON, D. D. Evidence-based practices in interventions for children and youth with autism spectrum disorders. *Preventing school failure*: alternative education for children and youth, v. 54, n. 4, p. 275-282, 2010. Disponível em: https://doi.org/10.1080/10459881003785506. Acesso em: 30 out. 2024.

ODOM, S. L.; STRAIN, P. S. Peer-mediated approaches to promoting children's social interaction: a review. *American Journal of Orthopsychiatry*, v. 54, n. 4, p. 544-557, 1984. Disponível em: https://pubmed.ncbi.nlm.nih.gov/6391193/. Acesso em: 30 out 2024.

SACKETT, D. L.; ROSENBERG, W. M.; GRAY, M.; HAYNES, R. B.; RICHARDSON, W. S. Evidence-based medicine: what it is and what it isn't. *British Medical Journal*, v. 312, n. 7023, p. 71, 1996.

SELLA, A. C.; RIBEIRO, D. M. *Análise do comportamento aplicada ao transtorno do espectro autista*. Curitiba: Appris, 2018.

SLOCUM, T. A.; DETRICH, R.; WILCZYNSKI, S. M.; SPENCER, T. D.; LEWIS, T.; WOLFE, K. The evidence-based practice of applied behavior analysis. *Behav. Anal.*, v. 37, n. 1, p. 41-56, 29 abr. 2014. Disponível em: https://pmc.ncbi.nlm.nih.gov/articles/PMC4883454/. Acesso em: 30 out. 2024.

STEINBRENNER, J. R. *et al. Evidence-based practices for children, youth, and young adults with autism*. Chapel Hill: The University of North Carolina at Chapel Hill/Frank Porter Graham Child Development, 2020.

WOLF, M. M. Social validity: the case for subjective measurement, or how applied behavior analysis is finding its heart. *Journal of Applied Behavior Analysis*, v. 11, n. 2, p. 203-214, 1978. Disponível em: https://pmc.ncbi.nlm.nih.gov/articles/PMC1311293/. Acesso em: 30 out. 2024.

WONG, C. *et al.* Evidence-based practices for children, youth, and young adults with autism spectrum disorder: a comprehensive review. *J Autism Dev Disord*, v. 45, n. 7, p. 1951-1966, jul. 2015. Disponível em: https://pubmed.ncbi.nlm.nih.gov/25578338/. Acesso em: 30 out. 2024.

CAPÍTULO 24

Intervenções comportamentais de desenvolvimento naturalístico (NDBIs) no transtorno do espectro autista (TEA)

Um guia prático interdisciplinar

O capítulo explora as intervenções comportamentais de desenvolvimento naturalístico (NDBIs) para crianças com TEA, destacando métodos como ESDM, ImPACT, JASPER, PEERS e PRT. Inclui um modelo prático de implementação com diretrizes para anamnese, rastreio e planos individualizados, embasados em evidências científicas.

Tatiane Chagas

TATIANE CHAGAS

É fonoaudióloga, graduada no Rio de Janeiro, especialista em neurociências, TEA, desenvolvimento infantil e intervenção precoce. Certificada em avaliações como ADOS, ADIR, Bayley e Denver II. Com formações internacionais em ESDM-Denver, ImPACT, Jasper, PRT, PEERS e ABA. Qualificada em áreas como autorregulação, integração sensorial, Bobath, Prompt, Social Thinking, Baby Signs, SOS Approach e Get Permission. Fundadora da Estímulos Desenvolvimento Infantil e coordena instituições renomadas, integrando ciência e acolhimento para o desenvolvimento infantil.

Contatos: tatiane.chagas@estimulosinfantil.com
@tatianedechagas
@estimulos_desenvolvimento
71 99160 3717

As intervenções comportamentais de desenvolvimento naturalístico (NDBIs) são uma abordagem eficaz para o tratamento precoce do transtorno do espectro autista (TEA). Baseadas em princípios da Análise do Comportamento Aplicada (ABA) e do desenvolvimento naturalístico, as NDBIs estimulam o desenvolvimento social, linguístico e cognitivo em contextos naturais e cotidianos (Schreibman *et al.*, 2015). A prática em ambientes reais facilita a generalização e manutenção das habilidades, promovendo uma evolução adaptativa mais eficiente (Landa, 2018).

A abordagem é multidisciplinar, com terapeutas, psicólogos, fonoaudiólogos e educadores colaborando em um plano individualizado, considerando o contexto familiar, educacional e social. As intervenções, baseadas em evidências científicas, mostram eficácia em melhorar o comportamento adaptativo, social e comunicativo de crianças com TEA (Schreibman *et al.*, 2015).

Princípios fundamentais das NDBIs

O núcleo das NDBIs está nos princípios de aprendizagem naturalística, utilizando ambientes cotidianos para desenvolver habilidades por meio de interações significativas, em contraste com abordagens tradicionais de ABA, que usam ambientes mais controlados (Schreibman *et al.*, 2015). As NDBIs criam oportunidades para a criança aprender de forma ativa, conectando novas experiências ao seu repertório comportamental.

Outro princípio é seguir sequências típicas de desenvolvimento, estruturando intervenções de acordo com etapas naturais da infância (Schreibman *et al.*, 2015; Rogers & Dawson, 2014). A motivação intrínseca é fundamental, usando atividades que a criança acha recompensadoras para aumentar o engajamento e facilitar o aprendizado (Landa, 2018).

Modelos baseados em NDBIs

Existem diversos modelos de NDBIs amplamente utilizados para o tratamento de crianças com transtorno do espectro autista (TEA). Dentre os mais reconhecidos, destacam-se os seguintes:

Early Start Denver Model (ESDM)

O ***Early Start Denver Model (ESDM)*** é uma intervenção precoce baseada em NDBI, voltada para crianças com TEA de 12 a 48 meses. Baseado nos princípios da Análise Comportamental Aplicada (ABA), o ESDM utiliza estratégias lúdicas e naturais para promover o desenvolvimento social e comunicativo. Rogers e Dawson (2014) destacam as "rotinas sensoriais sociais", onde terapeutas e crianças interagem face a face, estimulando o engajamento social e a motivação intrínseca, o que, por sua vez, melhora habilidades cognitivas, sociais e linguísticas em crianças com TEA.

ImPACT

O ***Improving Parents As Communication Teachers (ImPACT)*** capacita os pais a aplicar estratégias de desenvolvimento social e comunicativo nas rotinas diárias de crianças de 18 meses a 6 anos. Essa intervenção envolve ativamente os pais, promovendo a generalização das habilidades aprendidas em casa e em outros contextos naturais. O ImPACT utiliza rotinas diárias, como refeições e brincadeiras, para ensinar habilidades de comunicação, adaptadas às preferências e interesses da criança.

JASPER (*Joint Attention, Symbolic Play, Engagement, and Regulation*)

O **modelo JASPER** é uma intervenção naturalística focada em habilidades como atenção conjunta, jogo simbólico e regulação emocional. A atenção conjunta, essencial para interações sociais complexas, é uma dificuldade comum em crianças com TEA (Kasari *et al.*, 2014). Pesquisas demonstram que o JASPER melhora a comunicação não verbal e aumenta a frequência de interações sociais de qualidade entre crianças com autismo e seus pares (Kasari *et al.*, 2010). O modelo utiliza o protocolo SPACE para avaliar o jogo e a comunicação, personalizando as intervenções com base nessas avaliações (Kasari *et al.*, 2014).

PEERS

O ***Program for the Education and Enrichment of Relational Skills* (PEERS®)** é voltado para pré-escolares, jovens e adultos com TEA e foca no desenvolvimento de habilidades sociais, especialmente na formação de amizades. A intervenção utiliza *role-playing* e ensaios comportamentais para ensinar habilidades como iniciar conversas e entender sinais sociais (Laugeson *et al.*, 2014).

Pivotal Response Treatment (PRT)

O ***Pivotal Response Treatment* (PRT)** concentra-se em comportamentos "pivô", ou seja, habilidades centrais que impactam outras áreas do desenvolvimento. A motivação e a resposta a múltiplas dicas são os principais comportamentos abordados. Segundo Koegel e Koegel (2006), melhorar essas habilidades pode gerar avanços em áreas como comunicação e comportamento adaptativo. Uma vantagem do PRT é que ele pode ser aplicado em ambientes naturais, como em casa ou na escola, com envolvimento direto dos pais, integrando as habilidades aprendidas nas rotinas da criança. O PRT tem sido estudado e demonstrado eficácia em crianças com TEA.

Elementos comuns das NDBIs

As NDBIs (intervenções baseadas em desenvolvimento natural) compartilham vários elementos que sustentam sua eficácia, entre os quais se destacam:

1. **Motivação intrínseca**: as intervenções são fundamentadas nos interesses da criança, o que aumenta seu engajamento e potencializa a aprendizagem.
2. **Contextos naturais**: o ensino ocorre em ambientes e rotinas do dia a dia, facilitando a generalização das habilidades desenvolvidas.
3. **Foco no desenvolvimento social e comunicativo**: as NDBIs visam aprimorar habilidades sociais e de comunicação em contextos naturais, evitando cenários artificiais que possam não refletir a realidade da criança.
4. **Participação familiar**: a inclusão dos pais no processo terapêutico é fundamental, pois favorece a generalização das habilidades para além do ambiente clínico (Schreibman *et al.*, 2015).

Modelo prático para aplicação interdisciplinar das NDBIs

Para implementar uma NDBI eficaz, é imprescindível adotar um modelo interdisciplinar que aborde todos os aspectos do desenvolvimento infantil. A seguir, apresentamos um roteiro prático:

- **Modelo prático para aplicação interdisciplinar das NDBIs**: a aplicação das NDBIs exige uma abordagem colaborativa, abrangendo diagnóstico, planejamento, implementação e monitoramento contínuo. Este modelo orienta a equipe multidisciplinar na aplicação das NDBIs em crianças com transtorno do espectro autista (TEA), visando a uma intervenção personalizada e eficaz.

Anamnese detalhada e avaliação inicial

A anamnese representa o ponto de partida para qualquer intervenção, pois permite avaliar o histórico de desenvolvimento, comportamento, comunicação e contextos relevantes como o ambiente familiar e escolar. A equipe interdisciplinar – composta por psicólogos, terapeutas, fonoaudiólogos e educadores – deve trabalhar em estreita colaboração.

Itens recomendados para a anamnese:

- **Histórico de desenvolvimento**: marcos motores, cognitivos, sociais e linguísticos.
- **Comportamento**: comportamentos repetitivos, engajamento social e interesse em interações.
- **Comunicação**: habilidades verbais e não verbais, além da compreensão da linguagem.
- **Contexto familiar/social**: participação dos pais, suporte social e estrutura educacional.

A avaliação inicial deve utilizar instrumentos padronizados, como o M-CHAT-R/F para triagem do TEA e o CARS para avaliar a severidade do autismo.

Instrumentos de rastreamento diagnóstico

O diagnóstico precoce é essencial para uma intervenção eficaz, especialmente em relação aos transtornos do espectro autista (TEA), uma vez que as intervenções baseadas nas NDBIs (intervenções comportamentais naturalísticas) são mais impactantes nos primeiros anos de vida. Para garantir um diagnóstico preciso, a equipe deve utilizar instrumentos padronizados, como:

- **M-CHAT-R/F**: rastreio para identificar riscos de TEA em crianças jovens.
- **CARS**: sistema de avaliação do comportamento do autismo.
- **ADOS-2**: escala de observação para diagnóstico do autismo.
- **ADI-R**: entrevista para diagnóstico do autismo, que fornece dados abrangentes sobre comunicação, interação social e comportamento adaptativo.

Roteiro para visita escolar

A observação do comportamento da criança em contextos escolares é crucial para avaliar suas habilidades sociais e adaptativas. É fundamental que a equipe interdisciplinar realize uma visita escolar para observar o desenvolvimento da criança em ambientes de interação social e educacional. Durante a visita, devem ser levados em conta os seguintes aspectos:

1. Interações sociais:

a. Nível de iniciativa nas interações.

b. Respostas às tentativas de interação de colegas e adultos.

2. Comportamentos adaptativos:

a. Capacidade de seguir rotinas.

b. Habilidade em lidar com transições.

c. Uso adequado de habilidades sociais e regulatórias.

3. Habilidades emocionais:

a. Expressão de emoções.

b. Regulação emocional diante de frustrações ou mudanças inesperadas.

Plano de Intervenção Individualizado (PEI)

Com base nas avaliações diagnósticas e nas observações contextuais, a equipe interdisciplinar deve desenvolver um PEI. Este documento é um plano detalhado que define metas específicas e mensuráveis para o desenvolvimento social, comunicativo e cognitivo da criança. As metas devem ser personalizadas de acordo com o perfil único de cada criança e integradas às suas rotinas diárias.

Elementos essenciais do PEI:

- **Definição de metas de desenvolvimento**: as metas devem ser claras e específicas, como "melhorar a resposta a sinais não verbais" ou "aumentar a frequência de interações sociais com pares".
- **Intervenções baseadas em contextos naturais**: as metas devem ser implementadas em atividades rotineiras da criança, como brincar, se vestir, fazer refeições ou interagir com familiares.
- **Participação ativa dos pais**: o plano deve incluir estratégias para que os pais e os cuidadores participem ativamente da intervenção e implementem as técnicas de NDBI em casa.
- **Monitoramento contínuo**: o progresso da criança deve ser avaliado periodicamente por meio de observações diretas, escalas de desenvolvimento e entrevistas com os pais e professores, ajustando o PEI conforme necessário.

Checklist de observação (aplicador-terapeuta, criança e cuidador)

A implementação eficaz das intervenções comportamentais de desenvolvimento naturalístico (NDBIs) requer uma avaliação contínua do progresso. O uso de checklists de observação permite à equipe monitorar o desempenho do terapeuta, da criança e do cuidador ao longo do tempo.

Checklist para o aplicador-terapeuta:

1. **Nível de engajamento**: o terapeuta envolve a criança de forma eficaz.
2. **Estratégias motivacionais**: são utilizados reforços com base nos interesses da criança.
3. **Sensibilidade**: o terapeuta ajusta a abordagem conforme os sinais da criança.

Checklist para a criança:

1. **Iniciativa social**: a criança inicia interações com adultos ou pares.
2. **Resposta a dicas**: a criança responde bem às orientações.
3. **Flexibilidade**: há melhora no jogo simbólico.
4. **Regulação emocional**: a criança lida melhor com frustrações.

Checklist para o cuidador:

1. **Envolvimento**: o cuidador participa ativamente.
2. **Aplicação em casa**: o cuidador utiliza as técnicas em casa.
3. **Observação de mudanças**: o cuidador nota e relata mudanças no comportamento.
4. Esses checklists são fundamentais para monitorar e ajustar as estratégias ao longo da intervenção.

Formação e capacitação dos pais

As NDBIs enfatizam a participação familiar, e é crucial que pais e cuidadores sejam capacitados a aplicar as estratégias em casa. A formação de pais é essencial para garantir consistência entre a terapia e o ambiente doméstico, o que é crucial para a generalização das habilidades.

O treinamento para pais pode incluir:

- **Modelagem prática**: terapeutas demonstram estratégias de NDBIs em atividades rotineiras, como brincar ou alimentar.
- **Feedback contínuo**: sessões regulares para discutir o progresso e ajustar técnicas.
- **Ensaios comportamentais**: simulações de situações diárias para praticar as técnicas.

Estudos como o de Ingersoll e Wainer (2013), destacam que capacitar pais é essencial para o sucesso das NDBIs, tornando-os parte ativa do processo terapêutico e ajudando a manter os ganhos da criança.

Conclusão

As intervenções comportamentais de desenvolvimento naturalístico (NDBIs) representam uma abordagem robusta e eficaz para a intervenção precoce no transtorno do espectro autista (TEA). Sua aplicação em contextos naturais, aliada a estratégias baseadas em princípios da análise comportamental aplicada, permite que crianças com TEA desenvolvam habilidades sociais, comunicativas e cognitivas de forma integrada e generalizável.

Modelos como ESDM, ImPACT, JASPER, PEERS e PRT demonstram como as NDBIs podem ser adaptadas a diferentes faixas etárias e necessidades específicas. A abordagem interdisciplinar, com a participação ativa de pais, educadores e terapeutas, garante uma intervenção coordenada e contínua que favorece o desenvolvimento integral da criança com TEA.

A implementação das NDBIs exige planejamento detalhado, monitoramento regular e flexibilidade para ajustar as intervenções conforme a criança progride. Esse processo colaborativo e baseado em evidências contribui significativamente para melhorar a qualidade de vida das crianças com TEA e de suas famílias.

Referências

DAWSON, G. *et al.* Randomized, controlled trial of an intervention for toddlers with autism: the Early Start Denver Model. *Pediatrics*, v. 125, n. 1, p. e17-e23, jan. 2010.

INGERSOLL, B.; WAINER, A. Initial efficacy of project ImPACT: a parent-mediated intervention for children with ASD. *Journal of Autism and Developmental Disorders*, v. 43, n. 12, p. 2943-2952, dez. 2013.

KASARI, C. *et al.* Intervention for toddlers with autism: JASPER program. *Journal of Child Psychology and Psychiatry*, 2010.

KOEGEL, L.; KOEGEL, R. *Pivotal response treatments for autism.* Baltimore: Brookes Publishing, 2006.

LANDA, R. J. Efficacy of early interventions for infants and young children with, and at risk for, autism spectrum disorders. *International Review of Psychiatry*, v. 30, n. 01, p. 25- 39, 2018. Disponível em: https://pubmed.ncbi.nlm.nih.gov/29537331/. Acesso em: 30 jan. 2025.

LAUGESON, E. A. *et al.* The ABC's of teaching social skills to adolescents with autism spectrum disorder in the classroom: the UCLA PEERS Program. *The Journal of Autism and Developmental Disorders*, New York, v. 44, n. 9, p. 2244-56, set. 2014. Disponível em: https://pubmed.ncbi.nlm.nih.gov/24715256/. Acesso em: 31 jan. 2025.

SCHREIBMAN, L. *et al.* Naturalistic developmental behavioral interventions: empirically validated treatments for autism spectrum disorder. *Journal of Autism and Developmental Disorders*, v. 45, n. 8, p. 2411-2428, ago. 2015.

CAPÍTULO 25

Marcos legais da inclusão

Normas, leis e práticas educativas

Este capítulo analisa os avanços e desafios das leis de educação inclusiva no Brasil, destacando a Lei Brasileira de Inclusão (LBI) e o Plano Nacional de Educação (PNE). Explora a trajetória das legislações e práticas educativas desde as primeiras normativas até as políticas atuais. O objetivo é entender como essas mudanças moldaram o cenário da educação inclusiva e identificar os desafios que ainda persistem.

Carla Amorim e Luana Soares

CARLA AMORIM

Graduada em Pedagogia (2005), com pós-graduação em Neuropsicopedagogia (2017) e mestrado em Biotecnologia e Gestão da Inovação (2021). Com 20 anos de experiência na educação, atua na gestão de equipes e na capacitação de profissionais da saúde e da educação. Atualmente, é orientadora pedagógica no ensino superior e docente no curso de Psicologia, onde ministra disciplinas como Psicologia da Educação e Psicopatologia, além de atender crianças e adolescentes no Centro Especializado de Desenvolvimento Infantil (CEDIN) e conduzir pesquisas sobre desenvolvimento infantil.

Contato: Instagram: @carlaamorimsl

LUANA SOARES

Graduada em Psicologia (2023), com pós-graduação em Neuropsicologia (2024) e especialização em andamento em Intervenção em Análise do Comportamento Aplicada (ABA) para autismo. Tem experiência em psicologia escolar, gerindo equipes de apoio a alunos com transtornos do neurodesenvolvimento. Atualmente, realiza atendimentos clínicos e avaliações neuropsicológicas no Centro Especializado de Desenvolvimento Infantil (CEDIN) e leciona Avaliação Psicológica e Orientação de Estágio no curso de Psicologia.

Contato: Instagram: @luanacsoares.psi

A inclusão escolar é central nas políticas educacionais contemporâneas no Brasil e no mundo. No Brasil, o debate envolve acessibilidade, equidade e o direito à educação, especialmente para pessoas com deficiência. Há um movimento crescente em defesa da educação inclusiva, promovendo ações que garantem a todos os alunos o direito de aprender juntos e se desenvolver em uma sociedade justa. O discurso sobre inclusão destaca a convivência como princípio fundamental para assegurar equidade e participação plena, reconhecendo igualdade e diferença como valores inseparáveis (Brasil, 2008).

Conhecer as legislações sobre inclusão fortalece a luta pelos direitos e capacita para promover uma educação que respeite a diversidade. Ao reforçar o compromisso com a equidade, superamos barreiras da exclusão, garantindo acesso a um ensino de qualidade e contribuindo para uma sociedade mais justa e inclusiva.

A trajetória histórica e os principais marcos legais da educação inclusiva no brasil

A história da educação inclusiva no Brasil evoluiu gradualmente, alinhada aos movimentos internacionais em defesa dos direitos das pessoas com deficiência. Durante grande parte do século XX, a educação era excludente, com pessoas com deficiência segregadas em "escolas especiais" e instituições especializadas (Súmula, 2008).

Marcos importantes surgiram, como a criação de leis para a inclusão escolar na década de 1990 e a adesão a tratados internacionais, como a Declaração de Salamanca (1994). As leis que sustentam esse processo incluem:

- **Constituição Federal de 1988**
  Tem como objetivo "promover o bem de todos, sem preconceitos" (art. 3º, IV) e é a base da política de inclusão educacional. O artigo 208, inciso III, prevê o "atendimento educacional especializado aos portadores de deficiência, preferencialmente na rede regular", mostrando que inclusão vai além do ingresso escolar. O artigo 206, inciso I, reforça a "igualdade de condições de acesso e permanência" como dever do Estado (Brasil, 1988). Esse marco foi essencial para a inclusão escolar, iniciando políticas públicas que integram alunos com deficiência ao ensino regular e superam a visão segregacionista.

- **Declaração de Salamanca (1994)**
  A Declaração de Salamanca, resultante da Conferência Mundial sobre Necessidades Educativas Especiais, estabeleceu diretrizes internacionais para a inclusão de estudantes com deficiência no ensino regular. Ao assinar a declaração, o Brasil comprometeu-se a implementar políticas que garantissem a integração de todos os alunos, independentemente de suas limitações, priorizando a adaptação do sistema escolar em vez da segregação. Além disso, a declaração introduziu o conceito de currículo inclusivo, que busca atender às necessidades de todos os alunos de forma flexível e adaptada (Brasil, 1994).

- **Lei de Diretrizes e Bases da Educação Nacional (LDBEN) – Lei n. 9.394/1996**
  A LDBEN reafirma a inclusão educacional no artigo 58, reconhecendo a educação especial como "modalidade de educação escolar, oferecida preferencialmente na rede regular de ensino, para educandos com deficiência, transtornos globais do desenvolvimento e altas habilidades/superdotação". A lei prevê a criação de salas de recursos multifuncionais para suporte especializado aos alunos com deficiência e enfatiza a formação de professores, um dos principais desafios para a efetividade da educação inclusiva (Brasil, 1996). Esse documento é um marco significativo, consolidando a inclusão na estrutura educacional brasileira.

- **Lei Brasileira de Inclusão da Pessoa com Deficiência (LBI) – Lei n. 13.146/2015**
  A LBI, ou Estatuto da Pessoa com Deficiência, avança na garantia dos direitos das pessoas com deficiência, especialmente na educação inclusiva. O artigo 28 determina que o sistema educacional deve ser inclusivo em todos os níveis, proibindo discriminação e assegurando acesso e participação plena. A lei enfatiza o desenvolvimento integral do indivíduo, considerando suas necessidades, e impõe obrigações ao poder público para garantir permanência e aprendizado ao longo da vida, reafirmando o compromisso com a diversidade.
  O artigo estabelece diretrizes importantes: o inciso I define que é dever do Estado criar um sistema educacional inclusivo, assegurando continuidade educacional (Brasil, 2015). O inciso III destaca a inclusão do atendimento educacional especializado nos projetos pedagógicos, visando adaptar currículos e promover a autonomia dos estudantes com deficiência (Brasil, 2015).
  Além disso, ressalta a necessidade de pesquisas para aprimorar métodos pedagógicos e tecnologias assistivas (artigo 28, inciso VI) e que o plano de atendimento deve incluir recursos para integrar estudantes com deficiência em todas as etapas de ensino (Brasil, 2015). O inciso XI aborda a oferta de profissionais de apoio escolar, como intérpretes de linguagem brasileira de sinais (libras) e professores especializados, essenciais para um ambiente acessível (Brasil, 2015).
  O artigo 28 também assegura a inclusão em atividades recreativas e esportivas, garantindo participação em igualdade de condições, crucial para a integração social (Brasil, 2015). O inciso XIII reforça que o acesso à Educação Superior e Profissional deve ser garantido em igualdade de condições, com adaptações que promovam a inclusão (Brasil, 2015). Esse marco legal evidencia o compromisso do Brasil com uma educação inclusiva e acessível a todos.

- **Plano Nacional de Educação (PNE) – Lei n. 13.005/2014**
  O PNE estabelece diretrizes, metas e estratégias para a política educacional brasileira até 2024, com a Meta 4 focando na universalização do atendimento escolar para alunos com deficiência, transtornos do desenvolvimento e altas habilidades, preferencialmente na rede regular. As estratégias incluem a ampliação das salas de recursos multifuncionais, formação continuada de professores e adaptação de materiais, visando a uma gestão educacional inclusiva (Brasil, 2014).

A meta busca universalizar o acesso à educação básica e ao atendimento educacional especializado para a população de 4 a 17 anos, criando salas de recursos e serviços especializados, com a participação ativa da família e do aluno. Destaca, também, a contabilidade das matrículas no Fundo de Manutenção e Desenvolvimento para a Educação Básica (Fundeb) para estudantes com atendimento especializado, sem prejudicar a educação regular (Lei n. 11.494/2007).

O plano prevê a universalização do atendimento escolar para crianças de zero a três anos com deficiência, garantindo que todos os alunos da rede pública recebam atendimento especializado e criando centros multidisciplinares de apoio com profissionais de saúde, assistência social, pedagogia e psicologia.

Adicionalmente, o PNE promove acessibilidade nas instituições públicas, incluindo adequação arquitetônica, transporte acessível, materiais didáticos apropriados e tecnologia assistiva. Enfatiza a educação bilíngue para alunos deficientes auditivos, com libras como primeira língua e a língua portuguesa escrita como segunda, além do uso do sistema braille para deficientes visuais (Brasil, 2014).

O plano reforça a articulação entre o ensino regular e o atendimento especializado, proibindo a exclusão de alunos com deficiência e incentivando pesquisas em novas metodologias e tecnologias assistivas. Por fim, propõe parcerias entre saúde, assistência social e direitos humanos, garantindo atendimento contínuo a jovens e adultos com deficiência após a escolarização obrigatória, assegurando uma educação inclusiva de qualidade (Brasil, 2014).

Aplicação das leis na prática educativa: avanços, desafios e conclusão

As legislações brasileiras avançaram na educação inclusiva, refletindo o compromisso do Estado em garantir o direito à educação para todos. No entanto, a aplicação prática enfrenta desafios, como a formação de professores, adequação de recursos, infraestrutura e adaptação curricular.

A formação de professores é um obstáculo significativo. Embora a LBI e o PNE enfatizem a formação continuada, muitos docentes se sentem mal capacitados, especialmente em áreas remotas. A infraestrutura escolar é crucial, pois a LBI exige a eliminação de barreiras arquitetônicas, mas muitas escolas carecem de acessibilidade, como rampas e banheiros adaptados.

A oferta de tecnologias assistivas e materiais didáticos acessíveis também é insuficiente, comprometendo a autonomia dos alunos com deficiência.

Além disso, a adaptação curricular é necessária; apesar da promoção de um currículo flexível pela LBI e pelo PNE, muitos professores não têm recursos pedagógicos para ajustar conteúdos, perpetuando a exclusão. Boas práticas, como a ampliação das salas de recursos multifuncionais e o uso de tecnologias assistivas, têm sido implementadas para melhorar o atendimento educacional especializado e promover autonomia.

O caminho para a inclusão educacional plena no Brasil exige esforços conjuntos de governos, escolas e sociedade. Investimentos em formação de professores, infraestrutura e adaptação curricular são essenciais para garantir que o direito à educação seja acessível a todos. Os marcos legais, como a Constituição de 1988, a LDBEN, a LBI e as metas do PNE, estabelecem bases para uma educação que acolhe a diversidade, mas sua implementação ainda carece de efetividade. O futuro da educação inclusiva depende do aprimoramento das práticas pedagógicas, investimento em recursos e fortalecimento do compromisso com uma educação de qualidade e acessível para todos.

Modelo prático

Avanços legais

- **Constituição Federal de 1988**: direito à educação para todos (art. 205).
- **Lei de Diretrizes e Bases da Educação Nacional (LDBEN)**: bases da educação inclusiva (art. 1º).
- **Lei Brasileira de Inclusão (LBI)**: diretrizes para inclusão de pessoas com deficiência (art. 28).
- **Plano Nacional de Educação (PNE)**: metas para garantir educação inclusiva.

Desafios na implementação

- **Infraestrutura**: acessibilidade nas escolas (art. 28, II, da LBI).
- **Formação de professores**: capacitação para diversidade (art. 28, X, da LBI).
- **Currículo inclusivo**: adaptações para necessidades diversas (art. 28, III, da LBI).

Diretrizes do artigo 28 da LBI

- **Sistema educacional inclusivo**: implementação em todos os níveis (art. 28, I).
- **Eliminação de barreiras arquitetônicas**: garantia de acessibilidade (art. 28, II).
- **Atendimento educacional especializado**: suporte institucional (art. 28, III).
- **Educação bilíngue**: libras como primeira língua (art. 28, IV).
- **Medidas individualizadas**: estratégias para maximizar o desenvolvimento (art. 28, V).

Recursos e suporte

- **Profissionais de apoio escolar**: suporte para alunos com deficiência (art. 28, XI).
- **Tecnologias assistivas**: recursos para facilitar a aprendizagem (art. 28, VI).
- **Centros multidisciplinares de apoio**: equipes integradas para suporte educacional.

Boas práticas

- **Salas de recursos multifuncionais**: ampliação dessas salas (art. 28, III).
- **Projetos de tecnologias assistivas**: exemplos de sucesso (art. 28, VI).
- **Apoio de professores especializados**: papel na inclusão e adaptação curricular (art. 28, XI).

Referências

BRASIL. *Constituição da República Federativa do Brasil de 1988. Brasília, DF: Senado Federal, 1988*. Disponível em: https://www.planalto.gov.br/ccivil_03/constituicao/constituicao.htm. Acesso em: 21 set. 2024.

BRASIL. *Declaração de Salamanca e linha de ação sobre necessidades educativas especiais.* Brasília, DF: Unesco, 1994.

BRASIL. *Decreto n. 7.611, de 17 de novembro de 2011.* Dispõe sobre a educação especial, o atendimento educacional especializado e dá outras providências. Diário Oficial da União, Brasília, DF, 18 nov. 2011. Disponível em: https://www.planalto.gov.br/ccivil_03/_Ato2011-2014/2011/Decreto/D7611.htm. Acesso em: 21 set. 2024.

BRASIL. *Lei n. 4.024, de 20 de dezembro de 1961.* Fixa as diretrizes e bases da educação nacional. Diário Oficial da União, Brasília, DF, 27 dez. 1961. Disponível em: https://www.planalto.gov.br/CCIVIL_03/LEIS/L4024.htm. Acesso em: 21 set. 2024.

BRASIL. *Lei n. 9.394, de 20 de dezembro de 1996.* Estabelece as diretrizes e bases da educação nacional. Diário Oficial da União, Brasília, DF, 23 dez. 1996. Disponível em: https://www.planalto.gov.br/ccivil_03/leis/l9394.htm. Acesso em: 21 set. 2024.

BRASIL. *Lei n. 13.005, de 25 de junho de 2014.* Aprova o Plano Nacional de Educação (PNE) e dá outras providências. Diário Oficial da União, Brasília, DF, 26 jun. 2014. Disponível em: https://www.planalto.gov.br/ccivil_03/_Ato2011-2014/2014/Lei/L13005.htm. Acesso em: 21 set. 2024.

BRASIL. *Lei n. 13.146, de 6 de julho de 2015.* Institui a Lei Brasileira de Inclusão da Pessoa com Deficiência (Estatuto da Pessoa com Deficiência). Diário Oficial da União, Brasília, DF, 7 jul. 2015. Disponível em: https://www.planalto.gov.br/ccivil_03/_ato2015-2018/2015/lei/l13146.htm. Acesso em: 21 set. 2024.

BRASIL. *Política nacional de educação especial na perspectiva da educação inclusiva.* Brasília, 2008. Disponível em: http://portal.mec.gov.br/arquivos/pdf/politicaeducespecial.pdf. Acesso em: 5 set. 2024.

SÚMULA. Política nacional de educação especial na perspectiva da educação inclusiva. *Cadernos CEDES*, v. 28, n. 75, p. 269-273, 2008. Disponível em: https://doi.org/10.1590/S0101-32622008000200008. Acesso em: 21 set. 2024.

CAPÍTULO 26

O poder transformador do autoconhecimento no crescimento profissional

Desbloqueando seu potencial

O poder transformador da inteligência e do autoconhecimento é fundamental para o crescimento, não só profissional, como também pessoal e financeiro. Ao entender quem somos e identificarmos fatores limitadores, podemos mudar padrões de pensamento e comportamento. Desenvolver uma mentalidade de crescimento nos permite enfrentar desafios, abraçar oportunidades e evoluir constantemente. Apresento, neste capítulo, estratégias práticas para desenvolver uma mentalidade proativa e alcançar resultados extraordinários.

Joenice Souza

JOENICE SOUZA

Esposa de Amaury, mãe orgulhosa de Coralina, avó de duas princesas – Valentina e Helena. É formada em Engenharia Mecânica, Matemática e Física. Foi na sala de aula onde deu os primeiros passos no desenvolvimento de pessoas. Após alguns anos, especializou-se em Gestão de Qualidade e atuou em obras de montagem industrial no sistema Petrobras. E foi de lá que surgiu a experiência em desenvolver carreiras e negócios. E você deve estar se perguntando: e de onde surgiu esse trabalho no autodesenvolvimento? Após enfrentar um momento desafiador em que seu corpo parou do pescoço para baixo devido ao estresse e ao burnout, iniciou uma profunda jornada de autoconhecimento e transformação. Na negação da doença e da paralisação, foi em busca de respostas, pois queria a cura a qualquer custo. Descobriu que o preço era um mergulho em si mesma e renasceu, emocionalmente falando. Desde então, a "Joenice Tornado Katrina" vem desaparecendo um pouco a cada dia e surge uma estudiosa da neurociência e da física quântica em busca de mais conhecimentos, pois libertar pessoas de uma mentalidade fixa e enxergar seu potencial interno virou seu vício. Foi desse processo que nasceu sua mentoria, focada em desenvolver uma mentalidade de crescimento. Desde 2016, ajuda mulheres na superação de barreiras internas e na conquista de novos patamares pessoais e profissionais.

Contato: Instagram: @joenicesouza.mentora

Sim, em fevereiro de 2016 eu descobri o que era estar presa! Eu havia lido um livro cujo autor havia sido preso por um ato de perda de controle e raiva. E ele dizia: "Você não imagina como é difícil estar preso atrás das grades". E naquele momento o meu coração se unia ao dele. Existem diferentes tipos de liberdade e diferentes tipos de prisões. Às vezes, nossas prisões são autoimpostas e emocionais.

Olá, meu nome é Joenice, e tenho dedicado minha vida a ajudar mulheres a se libertarem das amarras emocionais e mentais que as impedem de alcançar seu verdadeiro potencial. Minha jornada de transformação pessoal e profissional começou com um profundo mergulho em conhecimentos sobre mentalidade, autoconhecimento e crescimento, após meu corpo parar e eu precisar renascer emocionalmente.

Não foi uma trajetória fácil. Como muitas de vocês, eu também lutei contra a autossabotagem, a insegurança e a sensação de não ser boa o suficiente. Mas por meio de muita pesquisa, estudo e prática, descobri que, com a mentalidade certa e profundo autoconhecimento, é possível não apenas superar essas barreiras, mas também transformar a vida em algo que realmente ressoe com o nosso propósito.

Neste capítulo, vou compartilhar com vocês aprendizados e insights que me ajudaram a moldar minha própria trajetória de sucesso, e que uso para orientar mulheres que buscam crescimento profissional por meio da mentoria, para que possam desenvolver uma mentalidade ativa, cultivar a autoconfiança necessária para romper ciclos de autossabotagem e procrastinação e, finalmente, alcançar o sucesso profissional que desejam e merecem.

Poder da mentalidade

Em 2016, fui beber água na garrafinha e descobri que meu pescoço travou. Em poucos dias, o meu corpo parou do pescoço para baixo. Senti-me em uma armadilha – dominada pela sensação de estar presa dentro de um corpo que não mais me permitiria correr, dançar ou carregar minha primeira neta nos braços.

Fiquei durante muito tempo lutando comigo mesma e com minhas emoções de raiva, revolta e indignação, enquanto buscava aceitar minha enfermidade e evitar cair na autopiedade. Pensei a respeito desse conceito de prisão, pois me parecia que havia perdido a minha liberdade de ir e vir. Eu estava próxima do desespero.

Mas então, certo dia, percebi, em um estado de lucidez, que na realidade ainda havia opções abertas para mim e que eu tinha a liberdade de escolha, pois a minha mente continuava livre, desde que eu decidisse sair daquele lugar de vítima e olhar para as oportunidades à minha volta. Em vez de continuar brigando com Deus, iria pedir que Ele fortalecesse minha fé. E me questionei: "O que eu iria fazer com o livre-arbítrio que Ele havia me dado e que ainda era meu?".

Tomei a decisão de procurar formas de transcender as limitações físicas ao expandir minhas fronteiras mentais e viver o mais plenamente possível, para tornar minhas experiências aparentemente negativas em experiências positivas. E, assim, descobri que eu precisava desenvolver a minha MENTALIDADE.

O primeiro passo para qualquer transformação começa na mente. A mentalidade é a lente através da qual vemos o mundo, e ela determina como reagimos aos desafios, como enxergamos as oportunidades e, em última análise, como moldamos nosso destino. Paulo Vieira, em seu livro *O poder da ação*, ensina que uma mentalidade positiva e proativa é o alicerce para qualquer mudança significativa. Sem ela, ficamos presos em ciclos de medo, insegurança e autossabotagem.

Segundo Carol Dweck, quando falamos de mentalidade, referimo-nos ao conjunto de crenças e atitudes que determinam como percebemos a nós mesmos e o mundo ao redor. Se você acredita que suas habilidades são fixas, que os desafios são ameaças e que o fracasso é o fim da linha, está adotando o que chamamos de mentalidade fixa. No entanto, se vê as dificuldades como oportunidades de aprendizado, acredita que pode desenvolver novas habilidades e enxerga o fracasso como chance de crescimento, você está cultivando uma mentalidade de crescimento.

Tony Robbins explora a ideia de que pensamentos e crenças moldam nossa realidade. Em suas palestras e eventos, ele enfatiza a importância de reprogramar a mente para que superemos os padrões limitantes que nos mantêm estagnados. Para crescer profissionalmente, é vital reconhecer e enfrentar crenças limitantes, transformando-as em crenças fortalecedoras que nos impulsionam para a frente.

Autoconhecimento: a chave para a liberdade

A qualidade da sua vida é a qualidade dos seus relacionamentos, e o relacionamento mais importante que você tem é consigo mesmo. Autoconhecimento não é apenas entender as próprias forças e fraquezas, mas também reconhecer motivações, medos e desejos mais profundos.

O autoconhecimento nos dá a capacidade de identificar o que nos impulsiona e o que nos impede de avançar. Quando você se conhece profundamente, pode começar a fazer escolhas mais alinhadas com seus valores e objetivos de vida. Por exemplo, se sabe que uma das suas principais motivações é ajudar os outros, talvez encontre maior satisfação em uma carreira que permite esse tipo de contribuição. Se, por outro lado, você é motivada por desafios e inovação, um ambiente dinâmico e em constante mudança pode ser o mais adequado para você.

A autorresponsabilidade é o caminho para o autoconhecimento. Quando você entende quem você é e o que a motiva, é possível tomar decisões mais conscientes e alinhadas com seus verdadeiros objetivos. No contexto profissional, isso significa ser capaz de identificar oportunidades que realmente ressoam com seu propósito, evitando o desperdício de energia em caminhos que não a levam aonde você quer chegar.

Uma ferramenta poderosa para desenvolver o autoconhecimento é a prática do diário. Escrever sobre seus pensamentos, sentimentos e experiências diários pode revelar padrões de comportamento e crenças de que você não estava ciente. Você pode perguntar a si mesmo questões profundas, como: "O que realmente importa para mim?" ou "O que estou evitando enfrentar?". Essas perguntas ajudam a trazer à tona aspectos da sua personalidade que podem estar obscurecidos pelo medo ou pela negação.

Superando sabotadores internos

Um dos maiores desafios que encontro no meu trabalho com mulheres é ajudá-las a superar os sabotadores internos. Esses sabotadores são as vozes críticas que nos dizem que não somos boas o suficiente, que não merecemos o sucesso ou que não temos o que é necessário para prosperar. Esses sabotadores são, muitas vezes, reflexos de crenças programadas no inconsciente com o que vimos, ouvimos e sentimos e absorvemos ao longo da vida.

Esses sabotadores podem se manifestar de várias formas, como o medo de falhar, a procrastinação, o perfeccionismo ou até mesmo a comparação constante com os outros. Uma mulher que mentorei, por exemplo, tinha um talento incrível para a liderança, mas sempre se sabotava, recusando promoções porque acreditava não estar pronta ou que alguém mais qualificado deveria assumir a posição. Ao trabalharmos juntas para identificar e desafiar suas crenças limitantes, ela foi capaz de assumir um papel de liderança e crescer na carreira.

O medo é um dos principais sabotadores, mas também pode ser um poderoso motivador, se usado corretamente. Tony Robbins afirma que "o que você realmente quer está do outro lado do medo". Ao transformar o medo em ação, você pode romper com os padrões que a mantêm estagnada e começar a construir a vida profissional que deseja.

Em vez de evitar o medo, devemos usá-lo como combustível para nos impulsionar para a frente. E questione-se: "O que eu mais temo fazer?" e então faça exatamente isso.

Na técnica de **ressignificação**, você aprende a reinterpretar eventos e crenças que antes eram vistos como negativos ou limitantes. Por exemplo, se você cresceu ouvindo que "nunca será boa em Matemática", essa crença pode ter se enraizado e sabotado oportunidades em áreas que exigem habilidades analíticas. A ressignificação envolve pegar essa crença limitante e transformá-la em algo fortalecedor, como: "Posso aprender e melhorar minhas habilidades matemáticas com prática e dedicação".

Desenvolvendo uma mentalidade de crescimento

Mentalidade é a lente através da qual interpretamos as experiências e tomamos decisões. A mentalidade pode ser positiva, voltada para o crescimento, ou negativa, fixada em limitações. Conforme popularizado por Carol Dweck, a mentalidade fixa é aquela em que a pessoa acredita que suas habilidades são inatas e imutáveis, levando-a a evitar desafios e a desistir facilmente. Em contraste, a mentalidade de crescimento é baseada na crença de que as habilidades podem ser desenvolvidas com esforço e aprendizagem contínua, promovendo resiliência e uma atitude positiva ante os desafios.

Uma mentalidade de crescimento nos encoraja a ver os desafios como oportunidades de aprendizado, e não como ameaças. Quando adotamos essa perspectiva, cada erro se torna uma lição valiosa e cada dificuldade um degrau em direção ao sucesso. O sucesso é o resultado de bons pensamentos, sentimentos, comportamentos e ações. E falhar é uma parte necessária do caminho para o sucesso.

No ambiente profissional, a mentalidade de uma pessoa determina como ela lida com desafios, críticas, mudanças e oportunidades. Uma mentalidade de crescimento, por exemplo, faz com que um profissional veja obstáculos como oportunidades de aprendizado e crescimento, enquanto uma mentalidade fixa pode levar à estagnação e ao medo de assumir riscos.

Para crescer e prosperar em qualquer área da vida, é essencial desenvolver uma mentalidade de crescimento. E daí surge a importância de um planejamento estratégico aliado a essa mentalidade. Com acesso às ferramentas certas e à mentalidade correta, é possível alcançar qualquer meta que você estabelecer.

Ao criar um planejamento estratégico para sua carreira, você deve sempre incluir espaço para o aprendizado e para a adaptação. Isso significa que seu plano não deve ser rígido; ele deve permitir ajustes conforme você aprende e cresce ao longo do caminho. Recomendo que use metas SMART (Específicas, Mensuráveis, Alcançáveis, Relevantes e Temporais), segundo George T. Doran, para garantir que suas metas sejam claras e atingíveis.

A importância da ação consistente

Uma das lições mais poderosas que aprendi na minha jornada é o valor da ação consistente. Pensamentos e planos são importantes, mas, sem ação, permanecem como sonhos não realizados. É necessário transformar conhecimento em ação, dando pequenos passos diários em direção aos seus objetivos. É isso que diferencia quem alcança resultados dos demais.

A ação consistente é o que transforma metas e sonhos em realidade. Muitas vezes, subestimamos o poder dos pequenos passos. Pensamos que, para fazer uma mudança significativa, precisamos de grandes movimentos. No entanto, é a soma dos pequenos passos diários que leva a grandes transformações. Em vez de tentar mudar tudo de uma vez, você deve focar em melhorar apenas 1% a cada dia. Esse 1% pode não parecer muito no início, mas ao longo do tempo, ele se acumula e cria resultados extraordinários.

Sempre recomendo às minhas mentoradas que identifiquem as atividades diárias que têm o maior impacto em suas metas e a focar consistentemente nessas tarefas com a prática das Tarefas de Alta Performance (TAPs), na qual se faz uma lista de TAPs no início de cada dia e se compromete a completá-las antes de se envolver em outras atividades menos importantes.

Sugiro também o uso da "Regra dos 90 segundos" para quando você tem uma ideia ou uma inspiração para fazer algo: isso significa que você deve agir dentro dos próximos 90 segundos. Se você não agir nesse curto período, é provável que comece a racionalizar e a procrastinar, e a oportunidade será perdida.

Para mudar sua vida e seus resultados de forma significativa, você precisa tomar ações decisivas e consistentes. No ambiente profissional, isso se traduz em ser proativa, buscar oportunidades, enfrentar desafios corajosamente e, acima de tudo, não deixar que o medo ou a procrastinação a impeçam de agir.

Sua jornada de transformação começa agora

Desenvolver uma mentalidade forte e investir no autoconhecimento são passos fundamentais para qualquer profissional que deseja crescimento e transformação em todas as áreas da vida. As lições e experiências ao longo dos últimos anos me ajudaram a moldar minha própria trajetória e agora, por meio deste capítulo, espero que façam o mesmo por você.

Lembre-se da máxima: o sucesso não é um destino, mas uma jornada contínua de crescimento, aprendizado e ação. Ao identificar o próprio potencial, superar medos e alinhar carreira e propósito, você não só alcançará os objetivos em si, mas também descobrirá uma nova versão de si mesma – uma versão mais forte, mais confiante e plenamente realizada.

Todos nós sentimos a necessidade de pausar e refletir periodicamente sobre a vida e os resultados. Normalmente, o fazemos no fim do ano, mas recomendo que o façam com periodicidade trimestral e vou lhes apresentar uma ferramenta da mentoria para essa autoavaliação, a "Roda da Vida". Com ela, você terá uma visão clara e sistêmica de como estão os diferentes aspectos da sua vida, ajudando você a equilibrar e transformar sua caminhada.

Escaneie o QR Code para acessar a ferramenta e uma aula gravada por mim:

Referências

DORAN, G. T. There's a S.M.A.R.T. way to write management's goals and objectives. *Management Review*, p. 35-36, nov. 1981. Disponível em: https://community.mis.temple.edu/mis0855002fall2015/files/2015/10/S.M.A.R.T-Way-Management--Review.pdf. Acesso em: 23 dez. 2024.

DWECK, C. S. *Mindset*: a psicologia do sucesso. São Paulo: Objetiva, 2017.

ROBBINS, T. *Desperte seu gigante interior*. Rio de Janeiro: Best-Seller, 2017.

VIEIRA, P. *O poder da ação*. São Paulo: Gente, 2015.

EPÍLOGO

Encerrar este *Guia prático interdisciplinar para intervenção precoce no autismo* é, ao mesmo tempo, celebrar as conquistas até aqui alcançadas e reconhecer que ainda há muito a ser feito. Cada um dos 26 capítulos explorou, a seu modo, a riqueza e a complexidade envolvidas na compreensão e no cuidado de crianças com TEA. A interdisciplinaridade, tão valorizada em nossas abordagens, demonstrou-se essencial para desenhar caminhos terapêuticos eficazes e acolher as múltiplas dimensões que fazem parte da experiência de cada família.

Durante a elaboração desta obra, aprendemos que a união de saberes é o que consolida verdadeiros avanços. Quando terapeutas ocupacionais, psicólogos, fonoaudiólogos, fisioterapeutas, nutricionistas, professores e demais profissionais se dispõem a dialogar e a construir projetos comuns, o resultado é um cuidado ainda mais integral e personalizado. A soma de conhecimentos não implica apenas o intercâmbio de técnicas, mas a celebração do valor que cada criança carrega em sua singularidade.

É fundamental, portanto, que este trabalho não seja visto como um fim, mas como um convite à continuidade. A cada página, plantamos sementes que poderão florescer em consultórios, escolas e lares, reforçando a crença de que é possível construir um mundo mais sensível e inclusivo. A mobilização coletiva para garantir direitos e oportunidades justas às crianças com TEA não depende somente de políticas públicas, mas também da consciência individual de cada um de nós.

Ao ler estas últimas linhas, esperamos que você se sinta estimulado a prosseguir pesquisando, trocando experiências e cultivando parcerias. O conhecimento, quando partilhado, ganha força e pode transformar destinos. Que a formação continuada, o diálogo científico e a escuta ativa das famílias sejam inspirações constantes em sua prática!

Por fim, gostaríamos de enfatizar que cada história narrada ao longo deste livro, cada caso clínico mencionado e cada teoria revisitada serve para nos lembrar de que, por trás de qualquer diagnóstico, existe uma criança repleta de potencialidades. O verdadeiro sentido de nossas intervenções é olhar para além dos desafios e enxergar o horizonte de possibilidades que se descortina. E nessa jornada, cada pequena vitória deve ser honrada e celebrada, pois representa o brilho único de quem vivencia o TEA.

Que este "final de leitura" signifique, portanto, um recomeço! Que cada leitor saia desta experiência certo de que o conhecimento se renova a cada dia! Que o compromisso ético e profissional ultrapasse estas páginas e se materialize em práticas responsáveis, inclusivas e sensíveis! E que, acima de tudo, não percamos de vista a esperança, a empatia e a solidariedade como motivações que nos guiam a cada passo!

Assim, nos despedimos com a certeza de que a disseminação de uma cultura de respeito e acolhimento é a maior herança que este livro pode deixar. Que as reflexões e estratégias propostas aqui encontrem terreno fértil para florescer em diferentes contextos, reverberando em um cuidado cada vez mais atento às necessidades e aos sonhos das crianças com TEA. Pois, no fim, o que realmente importa é construir pontes para que cada uma delas possa trilhar seu caminho rumo ao máximo de desenvolvimento, satisfação e plenitude.

Um forte abraço a todos,

Coralina Matos e coautores